主題アクセスツールの理念と応用

鹿島みづき

樹村房

※本書のイラストは@三田美里による。無断転写を禁ず。

CIP（Cataloging-in-Publication）

パスファインダー作成法：主題アクセスツールの理念と応用 / 鹿島みづき著；[三田美里イラスト].
東京：樹村房, 2016. 4.
　p. cm.
参考文献：p. 163-166.
索引：p. 167-174.
ISBN：978-4-88367-258-5
t1. パスファインダー サクセイホウ：シュダイ　アクセス　ツール　ノ　リネント　オウヨウ. a1. カシマ, ミズキ. a2. ミタ, ミサト. s1. レファレンスワーク. s2. 件名目録. s3. Library research. s4. Subject Headings, Library of Congress.
① NDC9：015.2. ② NDC9：014.495.

Kashima, Mizuki.
　Pasufaindā sakuseihō：shudai akusesu tsūru no rinen to ōyō / Kashima Mizuki；irasuto, Mita Misato -- Tōkyō：Jusonbō, 2016.
　　pages cm.
　Bibliography：pages 163-166.
　Includes index.
　ISBN：978-4-88367-258-5
　　1. Library research. 2 Subject Headings, Library of Congress.
I. Mita, Misato, illustrator. II. Title.

はじめに

　本書は，主題アクセスツールとしてのパスファインダー作成の手引書です。パスファインダーをつくるうえで重要な作業は，見た目を整えることだけではなく，主題分析とそれを活用した情報資源の選択です。主題分析こそが，一ランク上のパスファインダーのカギを握るのです。こうしたパスファインダーの作成を目指す図書館員（あるいは情報サービスに従事する方々）を対象に，より具体的な形でその理念と作成法を解説します。「第Ⅰ部　図書館パスファインダー」「第Ⅱ部　主題分析の応用」「第Ⅲ部　進化する主題検索ツール」では，パスファインダーと次世代目録との接点を整理し，主題検索の可能性に触れます。

　なお，パスファインダー作成のノウハウの理解を深めるために，本書の基礎を構成する次の2冊を参考にされることをお薦めします。主題の分析，情報資源の主題分析，情報検索における統制語彙の応用に関する理論と実際について，詳しく説明があります。

- 『レファレンスサービスのための主題・主題分析・統制語彙』勉誠出版，2009.
  ベテランの図書館員を頼りにできない場面でも，統制語彙をヒントに主題分析を習得する技法が示されています。
- 『主題アクセスとメタデータ記述のためのLCSH入門』樹村房，2013.
  本書で活用する標準的な主題統制語彙である『米国議会図書館

件名標目表（LCSH）』のしくみや利用法について書かれています。

　読者のみなさんにとって，本書を応用したパスファインダー作成の経験が，図書館サービスや情報サービスの強化を実現するためのさらなる「道しるべ」となることを心より願っています。
　2016年3月吉日

鹿島　みづき

もくじ

はじめに……3

第Ⅰ部　図書館パスファインダー

第1章　概説 ─────────────────── 9
　1　定義……10
　2　由来……11
　3　パスファインダーのさまざまな特徴……13
　4　パスファインダーの特徴を整理する……16
　　4.1　取り扱われる内容　17
　　4.2　対象とする利用者　19
　　4.3　リストとして　19
　　4.4　掲載される情報資源　20
　　4.5　期待される効果　20
　5　パスファインダー作成に不可欠な主題の分析……21

第2章　求められる機能 ─────────────── 25
　1　パスファインダーの機能を支える前提……26
　2　パスファインダーの機能を理解する……29

第3章　構造の特徴 ──────────────── 33
　1　特徴の内容……34
　2　構成要素……34

第4章　作成の流れ ──────────── 37
　1　ニーズを分析し主題を選ぶ……38
　2　主題候補について理解する……40
　　2.1　主題とは　40
　　2.2　主題の多様性　40
　　2.3　主題の概観をとらえることとは？　43
　　2.4　主題の典型的側面をつかむ　43
　3　パスファインダーの目的，しくみ，構成の確認……44
　4　情報資源の探索と選択……44
　　4.1　情報資源の探索　44
　　4.2　情報資源の選択　45
　　4.3　情報資源の主題分析　46
　5　レファレンスツール，データベースの利用の指示と解説……46
　6　ウェブ情報資源の分析と選択……46

第Ⅱ部　主題分析の応用

第5章　主題の分析 ──────────── 49
　1　主題を分析する必要性……50
　2　LCSHの活用……54
　　2.1　主題の包摂関係　55
　　2.2　側面について調べる　64
　　2.3　モデル標目の利用　70
　　2.4　汎用件名細目の利用　76
　3　ファセットの決定……77
　　3.1　ファセット決定の工程　77
　　3.2　ファセット決定の実際　80

第6章 カリキュラムの分析 ―――――― 91
1 主題の分析作業の実際……92
　1.1 定義の確認　93
　1.2 概念を図式化する　95
　1.3 LCSH の活用　96
2 シラバスの分析……105
　2.1 「都市環境デザイン概論」の分析　105
　2.2 「都市環境デザイン研修Ⅰa」の分析　107
　2.3 分析からわかること　109

第7章 情報の収集 ―――――――――― 111
1 検索方法 基本編……112
　1.1 WorldCat.org 検索結果　113
2 検索方法 上級編……117

第8章 情報資源の主題分析 ――――――― 121
1 情報資源の種類……122
2 分析の方法……123
　2.1 図書・事実解説的なレファレンスブックスの分析方法
　　　123
　2.2 データベース・OPAC・案内指示的なレファレンスブックスなどの分析方法　124
　2.3 雑誌の分析方法　124
　2.4 ウェブ情報資源の分析　126

第Ⅲ部　進化する主題検索ツール

第9章　ディスカバリーサービスとパスファインダー ────── 129
　1　ディスカバリーサービスとは？……130
　2　ディスカバリーサービスとパスファインダーの共通項……132
　3　利用者が求める情報とは何か？……133
　4　良質のメタデータは検索を支えるインフラ……135
　5　リンク・オープン・データに見る検索ツールの可能性……136
　6　リンクされた情報を検索する……138
　7　典拠情報は主題アクセスツールに不可欠なハブ……146

付録　『パスファインダー作成法』の布石─本書ができるまで─
　　　　　　　　　　　　　　　　　　　　　　　　　　　　149

　おわりに　159
　参考文献　163
　索引　167

第Ⅰ部
図書館パスファインダー

第1章

概 説

1 定義
2 由来
3 パスファインダーのさまざまな特徴
4 パスファインダーの特徴を整理する
5 パスファインダー作成に不可欠な主題の分析

パスファインダーとはどのようなものか，まずはその定義から確認していきます。この章では，パスファインダーを作成するときの骨子となる主題の分析との接点までを紹介します。

1 定義

「パスファインダー」とは直訳すると「道しるべ」ですが，本書では，図書館パスファインダー（Library Pathfinder）のことを常にパスファインダーと呼んでいます。著者は便宜上「利用者が特定の主題に関する情報収集を図書館で行う際の，最初のとっかかりとなる図書館資料もしくは図書館から提供される各種情報資源のガイドもしくは要チェックリストのようなもの」と定義してきました。

このほかにも定義はあります[1]。たとえば『図書館情報学用語辞典』[2]は，パスファインダーとは「利用者に対して，特定の主題に関する各種情報源や探索方法を紹介・提供する初歩的なツール。通常，その図書館のコレクションやサービスを対象として作成される」と定義しています。

この章では，本来多角的な特徴をもつパスファインダー[3]について，これらの定義が意図する内容を深読みしてゆきます。

---

1 パスファインダーの定義についてもう少し詳しく知りたい方は，2008年の伊藤白・小澤弘太両氏による論考，"国内におけるWeb上パスファインダーの現状調査". 情報の科学と技術. Vol.58, No.7, 2008. p. 361-366. 〈http://ci.nii.ac.jp/naid/110006793619〉が参考になります。
2 日本図書館情報学会用語辞典編集委員会編. 図書館情報学用語辞典. 第4版. 東京：丸善，2013. p. 199.
3 これについては，第1章「3 パスファインダーのさまざまな特徴」で取り上げます。

2 由来

そもそもパスファインダーとは,どのようにして図書館に登場したのか,その由来を知ることで,パスファインダーの特徴の理解を一歩前進させます。

パスファインダーが最初に考案されたのは,1969年米国のマサチューセッツ工科大学(Massachusetts Institute of Technology:MIT)とされています[4]。このころ,カード目録から機械可読目録データが作成され,図書館の業務にも少しずつコンピュータの技術が導入され始めました。こうした過渡期は図書館のサービスにおいても,利用者へのフォローが大変な時期であったでしょう。特に北米の学術図書館では,予算と人員の削減などの問題に直面している時期でもあったために「どうすればすべての利用者に一定水準の質のサービスを均一に提供し続けることができるのか」[5]が,切実な課題のひとつになりました。その解決策として「特定の主題領域に限定した案内地図を作ることで目標を遂行できる」[6]という結論が出されました。

この結論は,利用者とレファレンス担当者に対する以下のような

---

4 Rice, James. "Pathfinders." Teaching library use : a guide for library instruction. Westport, Conn.: Greenwood Press, 1981. p. 91-92.

5 鹿島みづき,山口純代,小嶋智美. パスファインダー・LCSH・メタデータの理解と実践:図書館員のための主題検索ツール作成ガイド. 長久手町(愛知県):愛知淑徳大学図書館, 2005. p. 4.

6 Gardner, Jeffrey J. "Pathfinders, Library." Kent, Allen ; Lancour, Harold (ed.) Encyclopedia of library and information science. Vol. 21, New York : M. Dekker, 1977. p. 469.

分析から導かれました[7]。

> - 利用者は，学習や学位論文執筆のために図書館を利用するが，同じテーマで文献を探す場合には使う資料が類似している。
> - 図書館員は同じような内容の質問を頻繁に受けるが，すべての利用者にいつでも同じ対応をすることは難しい。
> - 利用者の求める主題の知識をもつ図書館員が常にレファレンスデスクにいるわけではなく，これには図書館員の主題知識の格差に関わる問題も含まれる。
> - 質問が集中した時とそうでない時では，同じ内容の質問に対してかけられる時間が異なる。

上記の状況は2010年代の日本の図書館でも，館種を問わず起こりえます。

こうして1960年代後半に考案されたパスファインダーは，広く北米の図書館で作成されるようになり，普及しました。加えてMITは教科書出版で著名なアディソン・ウェスリー社（Addison-Wesley）の協力を得て，商業ベースで流通させた時期がありました。これも普及に拍車をかけた見逃せない要因のひとつです[8]。

一方，日本では2000年代に入ってもパスファインダーは図書館

---

7 Gardner, Jeffrey J. "Pathfinders, Library." Kent, Allen；Lancour, Harold (ed.) Encyclopedia of library and information science. Vol. 21. New York：M. Dekker, 1977. p. 469.
8 パスファインダーの詳しい由来は，次の論考に詳しい。鹿島みづき，山口純代. "図書館パスファインダーに見る次世代図書館の可能性". 情報の科学と技術. Vol. 53, No. 10, 2002. p. 526-537.〈http://ci.nii.ac.jp/naid/110002826712〉

情報学の専門事典等に記載がなく，2002 年に実施した文献調査および主な国立大学図書館のホームページ等でも確認できませんでした[9]。ところが，この調査と同時期に私立大学図書館協会企画広報研究分科会の活動として「パスファインダーバンク」が構築されつつありました。2002 年 11 月に発表された河上氏らによる研究発表「パスファインダーバンクの実用化に向けて」の報告論集[10]で，ごく一部の大学図書館が作成を行っている現状がようやく確認されました。同分科会の活動から，パスファインダーへの関心は少しずつ広がり，徐々に作成数が増えていきました。

それから 10 年近くが経過し，2012 年 4 月には『図書館雑誌』で「広がりをみせるパスファインダー」という特集が組まれ，2013 年 12 月発行の『図書館情報学用語辞典 第 4 版』に「パスファインダー」の項目が設けられました。パスファインダーは，館種を問わず日本の図書館でも広く認知され定着したのです。

3　パスファインダーのさまざまな特徴

広く日本の図書館に定着したパスファインダーですが，その内容や特徴はさまざまです。パスファインダーが本来の道しるべと同じように利用されるには，どのような特徴が重要なのか，を整理します。

9　鹿島みづき，山口純代．"図書館パスファインダーに見る次世代図書館の可能性"．情報の科学と技術．Vol. 52, No. 10, 2002. p. 528.
10　河上純子，仲尾正司，仁上幸治他．"パスファインダーバンクの実用化に向けて：Web 版協同利用ナビゲーションシステム開発計画案"．私立大学図書館協会報．Vol. 118, 2002. p. 183-188.

表1-1 パスファインダーの特徴

1	初めてその主題について情報を収集する人にその収集方法を導くもの
2	網羅的な主題書誌ではない
3	探索の時間を節約するためのもの
4	多様化する情報資源の中から基本的なものをコンパクトに紹介している
5	利用者に一定水準のサービスを提供するためのもの
6	図書館の予算・人員削減をたすけるもの
7	利用者が情報探索において自立していくためのもの
8	作成することによって主題や情報資源に対する知識が深まる
9	図書館利用者の「知りたい気持ち」を満たすためのツール
10	文献を網羅するガイドではない
11	特定のトピックを扱うもの
12	初学者の即時ニーズに応えるさまざまなタイプの基本的資料をコンパクトにまとめたリスト
13	利用者の文献探索を一歩ずつ支援するツール
14	ある特定のトピック（主題）に関する資料・情報を収集するに，関連資料の探索法を一覧できるリーフレットのこと
15	利用者が特定の主題に関する情報収集を図書館で行う際の，最初のとっかかりとなる図書館資料のガイドもしくは要チェックリストのようなもの
16	単に初学者に情報資源を紹介するだけでない
17	情報探索能力の向上を目的とする
18	基本的な資料の使い方のほかに「資料に書かれている関連項目」「トピックに関する件名や書架で探すための排架場所」「パスファインダーを順不同（あるいは部分的）に利用する場合に必要となる資料の簡潔な書誌事項」などを掲載［しているもの］
19	情報探索に役立つことも書かれているもの
20	図書館の道しるべとなるもの
21	あまり図書館に来たことがないような利用者にもわかるように［作成されている］

22	あるトピックに関する資料・情報を，図書館でどのように集めたらよいかの手順を簡単に記載したpaper版もしくはweb版のもの
23	利用者はもちろんのこと，図書館，図書館員にとっても，有益であるもの
24	歴史は，意外と古く，1969年，マサチューセッツ工科大学図書館が考案したのが始まり
25	さまざまなタイプの情報資源を提供する
26	初学者にもわかりやすいこと等を目的としている
27	利用者が図書館を使って調べごとをするときに，そのテーマに沿った資料を探すための「道しるべ」となるツールをまとめたもの
28	主題分析のプロセスと結果を表現したツール
29	道しるべ
30	利用者の「知りたい気持ち」を満たすためのツールのひとつ
31	特定のトピックや主題に関する資料・情報を収集するひとのために図書館が提供する関連情報資源のリスト
32	初めてある特定のテーマで調べるひとを案内するためにつくられるもの

　表 1-1 は，著者が講師をつとめた研修会[11]で，受講者（大学図書館の職員）に『パスファインダー・LCSH・メタデータの理解と実践』と『レファレンスサービスのための主題・主題分析・統制語彙』の2冊のテキストを参考にして，できるだけたくさんのパスファインダーの特徴を書き出してもらったものです。受講者がパスファインダーをとらえるときの視点，立ち位置，切り口（側面）等が多様であることがわかると思います。

　この中には似たものもありますが，内容が微妙に異なるものが含

11　2012年度私立大学図書館協会東海地区協議会図書館実務担当者研修会記録. 館灯. Vol. 51, 2013. p. 100-199.

まれます。多くの主題がそうであるように、パスファインダーという主題にも多くの側面が存在します。

　すべての主題は、それについて誰もが納得できる形、あるいは理解しやすい形で、それはどのようなものか、あるいはどのような特徴があるのかを短くまとめることは簡単ではありません。主題の特徴をランダム、もしくは、あいうえお順などに羅列する、あるいは、主題に関する数ページにわたる解説文を一通り読む（主題によっては一冊の本ほどのボリュームになる場合もあります）などしても、主題の特徴をわかりやすく整理することは一般的に難しいといえるでしょう。

　次の4では「パスファインダー」という主題を題材に、わかりやすく多様な特徴を把握する方法を分析します。つまり、分析するプロセスをなぞって読むことになります。そのプロセス自体に大変重要な意味があることを、少しずつ実感されるはずです。

4　パスファインダーの特徴を整理する

　パスファインダーとはどのようなものか、共通の理解を深めるとともに、わかりやすく整理するために一工夫加えます。

　表1-1をわかりやすく整理する工夫のひとつとして、似たもの同士でまとめる、あるいは束ねる方法をとります。机やタンスの引き出しや、道具箱の中のものを、同じ用途・目的・機能・形態などで、まとめて整理するのと同じ発想です。引き出しの中身がゴチャゴチャに入っていると欲しいものが見つけにくく、使いづらいはずです。ただし片付け方は、人それぞれです。

　これと同様に、情報をどう整理するかは、人それぞれの都合に左

右されるため,どの方法が完璧とは言えません。パスファインダーの特徴のまとめ方を,著者は次のように考えました。

①取り扱われる内容に特徴的なこと
②対象とする利用者に特徴的なこと
③リストとして特徴的なこと
④掲載される情報資源に特徴的なこと
⑤期待される効果に特徴的なこと

それぞれに含まれる特徴は,たとえば**表 1-2** のようになります。

4.1 取り扱われる内容

これは特定の主題に特化したものといえます。ここで注意してほしいのは情報資源の形式をあらわす用語です。「地図」を例にすると,

①「日本の地図がどのようにして最初描かれたのかを知りたい」という場合【主題】
②「愛知県の広域地図を見たい」という場合【形式】

があります。

①は「地図」が「主題」となった場合の質問で,②は「地図」を「形式」としてとらえている質問です。地図がどのように描かれたのかという情報が欲しいのか,地図帳などの地図そのものが欲しいのかという違いです。つまり,同じことばが「主題」と「形式」のどちらでも使われる場合があるのです。

表 1-2 パスファインダーの特徴：まとめ

特徴の項目	特徴の内容		
1. 取り扱われる内容に特徴的なこと	・特定の主題に特化したものである		
2. 対象とする利用者に特徴的なこと	・初学者のためである ・もしくはその主題に関する知識が乏しいひとのためのもの ・その主題について初めてしらべるひと ・あまり図書館に来たことがないような利用者		
3. リストとして特徴的なこと	・基本的資料をコンパクトにまとめたもの ・文献探索の初期段階を一歩ずつ支援する ・関連資料の探索法を一覧できる ・網羅的な主題書誌ではない		
4. 掲載される情報資源に特徴的なこと	・当該図書館の資料または当該図書館の利用者が利用できる情報資源が対象 ・さまざまな形態・媒体のものが含まれる		
5. 期待される効果に特徴的なこと	A	・課題に対する利用者の不安を解消する ・利用者の情報探索能力の向上に役立つ ・情報を収集する際に時間を節約できる ・利用者が情報探索において自立していける ・利用者の知りたい気持ちを満たす	
	B	・図書館サービスの向上に役立つ ・図書館が提供する情報資源の宣伝効果 ・すべての利用者に一定水準のサービスを提供できる	
	C	・レファレンススキルの共有化 ・主題／情報資源／ツールに対する知識の習得	

パスファインダーは，案内するトピックを「主題」としてとらえるので，特定の主題に焦点を合わせて作成します。どこに愛知県の地図があるのかを案内するような地図の調べ方や，これに類似する統計の調べ方，新聞記事の調べ方といったツールや資料の利用ガイドと，パスファインダーは，この点で違いがあるわけです。

4.2 対象とする利用者

これは，初学者ということです。

また「あまり図書館に来たことがない利用者」とあるように，パスファインダーに記載されているレファレンスツールやデータベースなどが図書館にある，あるいは提供されていることを知らないひとたちです。知らないために利用方法がわからない可能性も高いことが考えられます。その意味ではこうした利用者も初学者です[12]。

4.3 リストとして

重要なのは次の2点です。

- 網羅的な主題書誌ではない。
- 文献探索の初期段階を一歩ずつ支援する。

「基本的資料をコンパクトにまとめたもの」も重要ですが，当初の紙媒体のパスファインダーとは違い，ウェブパスファインダーで

---

12 余談ですが，こうしたツール類の使用方法等は，データベースの使い方ガイドやレファレンスブックスの紹介などとして提供されていれば，必ずしもパスファインダーに盛り込まなくても，利用者の便宜を図ることができます。

あれば，リンクなどを上手に使用して欲しい情報に直接アクセスする工夫もできるため，全体の長さはそれほど意識しなくても大丈夫です。

4.4　掲載される情報資源

利用者が利用可能なものを掲載することが基本ですが，足りない場合には，国立国会図書館など他館の蔵書で，広く利用が可能なサービスを含めておくことも選択肢のひとつです。最寄りの公共図書館で，パスファインダーが対象とする主題に特化したコレクションがある場合は，その蔵書を加味した情報資源の紹介ができるかもしれません。

さらに，印刷媒体の情報資源に留まらず，各種の形態・媒体の情報資源も対象とする点も重要です。実際には，ウェブでアクセスできる情報資源のみでは不十分な主題もありますから，とりわけグーグル世代の利用者には主題についての古典的な図書館の資料を紹介することは大切なポイントです。

4.5　期待される効果

理想的なサービスを極めようとすればするほど多くの特徴が含まれます。表1-2のうち，Aが利用者として期待できる効果，Bが図書館として期待できる効果，Cが図書館員として期待できる効果としてとらえることができます。

以上のように，表1-1を表1-2へと整理してまとめると，パスファインダーの全体像が把握しやすくなったはずです。何らかの主題について整理する方法とは，似たもの同士を集めて情報資源や知識

の記録をあとで利用しやすくする方法で，図書館での分類と共通しています。本書では，パスファインダーの作成において主題を整理するこの方法を「ファセットにまとめる（分ける）」と呼びます[13]。

　パスファインダーの特徴を例に，ファセットにまとめる（分ける）実際を紹介したわけです。これを通して，本書で取り上げるファセットという概念がどのようなものかを理解できたと思います。

5　パスファインダー作成に不可欠な主題の分析

　なぜ主題についてわかりやすく整理することが重要なのかを確認します。

　パスファインダーを作成する作業では，主題について整理しておくこと，すなわちその主題の典型的な側面や特徴について把握できていることは極めて重要です。作成者がその主題について把握できていなければ，主題の情報を集めたい利用者を的確にフォローすることや案内することが難しいという，ごくあたりまえの理由からです。主題の理解なしに，主題の全容を利用しやすいように整理して第三者にわかりやすく伝えることは簡単ではありません。

　たとえば「図書館パスファインダー」というパスファインダーを作成する場合に，パスファインダーについて理解していなければ，紹介する情報資源のよしあしを判断して最も適切なものを選ぶことは困難です。情報源に「パスファインダー」ということばが使用されていても，無条件に採用できるわけではないからです。ましてや，

13　第3章のうち「ファセット」，第4章「2　主題候補について理解する」，第5章「3　ファセットの決定」も参照。

サーチエンジンの検索のように，文字列だけを追うだけでは内容を評価したことにはなりません。

情報資源を評価するポイントは，たとえば以下の情報や条件です[14]。

①著名な学者によるものか
②信頼のおけるレファレンスツール等に掲載されているものか
③その分野で評価が高い出版社から出版されたものか
④百科事典などの記事に必ず参考文献として挙げられているものか
⑤それ自体に参考文献が豊富に含まれているか
⑥詳細な索引もしくは情報内の主題によるナビゲーションを可能にしているものか
⑦出版年はいつか（より新しいモノがよい分野の場合）
⑧読みやすい文章・使いやすいか（統計情報などの場合，見やすい，探しやすいなど）

判断の基準となるこのような情報や条件がない場合，あるいはウェブ情報資源などそれ自体が条件にそぐなわない場合は，このほかにも判断する基準が必要です。

主題によっては情報自体を見つけ出せない可能性も大いにあり得ます。逆に大量に情報がヒットした場合は，すべてに目を通すこと

---

14 鹿島みづき，山口純代，小嶋智美．パスファインダー・LCSH・メタデータの理解と実践：図書館員のための主題検索ツール作成ガイド．長久手町（愛知県）：愛知淑徳大学図書館，2005. p. 27-31.

表 1-3　主題の分析が重要な理由

1. 主題自体の理解を助ける。
2. 主題に関連する情報源の効果的な探索が可能になる。
3. 見つけ出した情報資源を選択し評価するのに役立つ。

が困難です。

　主題の分析があらかじめできていれば，こうした問題に対処する際にも，パスファインダーに掲載する情報資源の探索，評価，選択などの作業をスムーズにこなすことができ，質の高いパスファインダーが作成できます。

　主題の分析がなぜ重要かを**表 1-3**に簡単にまとめました。

　主題の分析の実際については，第4章「2　主題候補について理解する」，第5章「1　主題を分析する必要性」でさらに詳しく取り上げます。

第Ⅰ部
図書館パスファインダー

1　パスファインダーの機能を支える前提
2　パスファインダーの機能を理解する

パスファインダーは，どのように役立つのか，どのような機能を備えているから役立つのか，を十分理解しないまま作成すると，見た目は整っていても効果が発揮できません。利用者を迷わせることなく，着実にその主題について道案内するには，この章で確認するポイントを意識することが重要です。

パスファインダーの機能と特徴をテンプレート（雛形）で表現します。パスファインダーが，なぜ現在のようなテンプレートになったのかを理解しましょう。それによって目的が利用者だけではなく作成者自身にとっても鮮明になり，そしてどんな主題でもパスファインダーの品質を平均的に保つことができます。ただし，テンプレートに当てはめることが難しい主題もあります[1]。

1　パスファインダーの機能を支える前提

最初にパスファインダーに求められる機能を支える前提を整理します。

- パスファインダーは，特定の主題に対して利用者が行う典型的な情報探索行動を前提に，利用者の探索行動中に生じる典型的な要求に応える機能をもつことが求められる。
- 作成者は，パスファインダーの機能を満たすために，必要な工夫を凝らさなければならない。

この前提をもとに「利用者」「パスファインダー」「作成者」の関

---

[1] 音楽に関する主題での楽譜など，紹介する情報源の種類がその主題に特有な場合は，テンプレートにも工夫が必要です。

係を整理したのが**表 2-1**です。ここで記した利用者の動機は，大学の学部生に特徴的なものを羅列しました。公共図書館の場合は違った動機があると思います。しかし，何か（主題）について知りたい，という視点は同じです。

表 2-1 利用者，パスファインダー，作成者の関係

利用者	パスファインダー	作成者
利用者の情報探索行動	パスファインダーの機能	作成者の作業工程
〈動機〉 ・調べたい／調べなければならないことがある。 ・授業でおもしろいことを聞いて，もっと調べたくなった。 ・授業で聞いたことがよくわからなかったので，もっと調べたい。 ・レポートの課題が出たが，そのテーマについてまったくわからない。 ・卒論に何かよいテーマがないか模索したい。	利用者の動機を受けて，利用者が特定の主題について図書館で，あるいは図書館サービスを介して情報を収集する際の道案内となる。	この図書館の利用者に適したパスファインダーの主題を探す。大学図書館であればカリキュラムの分析を行う。 つまり，予想される動機やニーズをとらえる。
〈要求その1〉 この主題について調べたい。	利用者が主題について調べる際に必要な情報資源とサービスを，探索行動に沿った形で提示する。	・パスファインダーの主題候補について調査する。 ・図書館利用者が利用できる情報資源やサービスを駆使して調査する。

利用者	パスファインダー	作成者
利用者の 情報探索行動	パスファインダーの 機能	作成者の 作業工程
〈要求その2〉 この主題が何か知りたい。	利用者が主題の概要をつかむことができる情報資源の提示，あるいは引用。	・主題の概要をつかむ調査する過程で得た情報から概要をつかむ。 ＝事典類，入門書，概論，統制語彙の利用 ・収集した情報を読み解くだけではなく，並行して統制語彙も参考にする。統制語彙が情報を読み解くためのヒントにもなる。
〈要求その3〉 ・この主題についてもっと詳しく調べたい。 ・主題の特定な側面，特定の部分，他の分野との接点などについて，もっと詳しく調べたい。	利用者が主題とその特定の側面や他分野との接点についてもっと詳しく調べるための情報資源とその利用法などの提示。	・主題に特徴的（典型的）な側面，主題に特有の部分・パート，他分野との典型的な接点にはどのような研究テーマがあるかをつかむ。 ＝専門書,雑誌索引・抄録誌，統制語彙の活用 ・どのレファレンスツール（データベース等）を利用すれば調べられるかを検討する。 ・どのように指示すれば，効率よく検索できるか等を検討する。

2　パスファインダーの機能を理解する

　パスファインダーの機能を，百貨店の案内と比較して考えてみます。どちらも道案内するためのものです。

　百貨店の案内掲示板やリーフレットの多くは，1階は「化粧品売り場」，2階と3階は「婦人服」，4階は「紳士服」，5階は「文具とおもちゃ」，6階は「書籍と呉服」，7階は「家具やインテリア」，8階は「レストラン街」のように，各階の見出しに続けて，そこで提供されている商品やサービスの一覧を示し，フロアマップなどとともに作られています。百貨店は，商品やサービスを共通する一定の特徴に合わせて配置し，ディスプレイしているからです。

　一方，パスファインダーは，提供できる情報資源やサービスを特定の主題に限定して案内している点が，百貨店の案内掲示板と似ています。

　一番の相違点は，パスファインダーが主題（取り扱っている商品）の特定の側面（特定の種類）に特化した情報（具体的な商品やサービス）をいち早く利用者（顧客）に案内できるように設計されていることで，これが重要な特徴のひとつです。

　具体的な商品やサービス（特定的な主題の特定の側面に関する情報），たとえば「インターネットバンキング」について調べている利用者に「インターネット」というキーワードが付いた情報資源をすべてリストアップしても多すぎてうれしくないはずです。「文鎮」を探しているひとが「5階の文具売り場にあります」とだけ案内されるのと同じです。

　商品が提供されているフロアが広ければ広いほど案内は難しくな

ります。ましてや「7階のインテリアショップのコーナーにも多少置いてあります」などと案内されると，さらにやっかいです。暇をつぶしたいひとなら問題ないかもしれませんが（実際には各階の担当スタッフが引き継いで案内するでしょう）。

　文鎮を探すひとができるだけ早く店にある文鎮を見て比べたいように，欲しい情報を集めたい利用者にとっては「インターネットバンキングに関連する図書は，NDC（日本十進分類法）の338分類（銀行）あたりを見るといいです」のような案内は，かゆいところに手が届いた案内とは言えません。

　百貨店の案内掲示板（パスファインダー）は顧客（利用者）を，彼らが求める商品（情報）のもとへ効率よく案内することを目的としています。漠然とウィンドウショッピングしたいのではなく，特定の何かを探している顧客にとって「5階は文具とおもちゃ」のような大きなくくりは不十分です。急いでその商品を探して吟味したい顧客にはなおさらです。そのために人的サービスでフォローするしくみを，どの百貨店も持ち合わせています。この部分は図書館でレファレンスサービスが提供されていることに類似します。

　百貨店での案内との比較からパスファインダーの機能が鮮明になりました。理想的なパスファインダーは次のように要約することができます。

- 扱う主題に特化している。
  → 「インターネットバンキング」についてピンポイントで案内ができる。
- 主題に典型的な側面や内容が加味されている。
  → 「インターネットバンキング」についての側面があらかじめ

整理されている。
- 利用者の情報ニーズを予想している。
  →「インターネットバンキング」を調べたい利用者が一定数いることを事前に想定している。
- 利用者自らが情報資源を探索できる。
  →提供する情報資源の使い方が説明されているため，利用者は自力で探すことができる。
- これらが整理・構築されたものを提供する。
  →上記の内容がわかりやすくまとめられている

第Ⅰ部
図書館パスファインダー

1 特徴の内容
2 構成要素

1 特徴の内容

パスファインダーは，その機能を発揮させるため，主に五つの構造上の特徴を搭載することが求められます。

①利用者が特定の主題について図書館で情報を収集する際に，一歩ずつ支援できる道案内となる。
②利用者が主題について調べる際に，必要な情報資源とサービスを探索行動の段階に沿った形で差し示す，あるいは提供する。
③利用者が主題の概観をつかむことができる情報資源を選択し，解説する。
④利用者が主題とその特定の側面や他分野との接点について，さらに詳しく調べるための情報資源を紹介する。
⑤紹介した情報資源について，主題に特化した利用法・検索法などを提示する。

2 構成要素

これを前提にすると，パスファインダーは次の六つの要素から構成されます。

1. タイトル
2. スコープノート
3. 下調べ
4. 情報集め

5. その他の有用なサイトやリンク
6. ファセット

(1) タイトル

パスファインダーの名称。パスファインダーが道案内する主題を端的に示すものでなければなりません。

(2) スコープノート

パスファインダーが扱う主題の定義，概要，あるいは範囲などを明示します。

主題によっては，複数の学問分野にまたがる主題や，それ自体が多くの側面をもつ主題も少なくありません。そのため，パスファインダーが扱う主題の範囲を示す情報は重要です[1]。

スコープノートでは，主題に関連する用語，同義語，情報集めの際に参考になる用語や語彙などのほか，特化した分類記号がある主題であれば対応するNDC記号なども紹介できます。ただし，NDCは，それを用いて整理された情報資源に特有な情報だということにも配慮します。たとえば，ウェブ情報資源や情報集めのセクションで紹介するデータベースなどの検索に応用できるか否かを考慮します。

(3) 下調べ

調べる主題の概要，用語の定義など基本的な知識を得るときに便利な情報資源を紹介します。

---

[1] 主題をどの辺に絞るかは，第5章「主題の分析」で説明する方法で，効率良く作業できます。

(4) 情報集め

「下調べ」で得た情報や知識をもとに，もっと掘り下げた形で情報資源を探す際に活用できる各種のレファレンスツール，OPACを含むデータベースなどとその利用方法を，パスファインダーの主題に見合った形で紹介します。

(5) その他有用なサイトやリンク

ウェブ情報資源で，「下調べ」や「情報集め」両方のセクションで役に立つ情報を搭載しているサイトを紹介します。ただし「下調べ」や「情報集め」で直接紹介した方が有用だと判断した場合には，そちらで紹介します。

(6) ファセット[2]

本書では，主題に典型的な側面や下位概念などをわかりやすくまとめて表現する用語の総称です。ただし，主題によってその内容と内容を表現する用語は異なります。また，ファセットは，パスファインダーで紹介する情報資源をわかりやすく案内するしくみでもあります[3]。

---

[2] ここでいうファセットとは，ファセット分類法などで使用するものとは厳密には異なります。

[3] 第1章「4 パスファインダーの特徴を整理する」，第5章「3 ファセットの決定」も参照。

第Ⅰ部
図書館パスファインダー

第4章
作成の流れ

1 ニーズを分析し主題を選ぶ
2 主題候補について理解する
3 パスファインダーの目的,しくみ,構成の確認
4 情報資源の探索と選択
5 レファレンスツール,データベースの利用の指示と解説
6 ウェブ情報資源の分析と選択

パスファインダー作成の流れを,作成者の立場から整理してまとめます。

①ニーズを分析して,主題を選ぶ:主題候補の調査
②選んだ主題について理解する
③パスファインダーの目的,しくみ,構成の確認
④情報資源の分析と選択
⑤レファレンスツール,データベースの利用の指示と解説の記述
⑥ウェブ情報資源の分析と選択

1 ニーズを分析し主題を選ぶ

パスファインダーの主題を選ぶには,図書館のニーズの分析が必要です。大学図書館では通常カリキュラムに合った主題を選びます。シラバスなどで講義内容をチェック[1]したり,教員に相談したり,レファレンスで繰り返し聞かれる質問や文献探索講習会などでたびたび申し込まれるテーマを参考にして選ぶことになります。

主題を選ぶ工程では,主題がパスファインダーの作成に適当かどうかを判断する作業が必ずあります。テーマとして広すぎないか,狭すぎないかの判断です。

テーマが広すぎると,その領域をカバーする情報資源を多数紹介したくなりますし,狭すぎると,テーマに合った情報資源を見つけることが難しくなります。

たとえば「日本　英語教育　辞典」のキーワードで『CiNii

1　第6章「2　シラバスの分析」も参照。

Books』を件名で検索すると0件ですが,「英語教育　辞典」でフリーワード検索すると関連のありそうな情報資源が22件ヒットします[2]。

　広いテーマ（主題）と，狭いテーマ（主題）もしくは詳細なテーマ（主題）を選んだ場合の長所と短所のまとめが，**表 4-1** です[3]。

表 4-1　テーマ[4]の選択と長所・短所

より広いテーマ	詳細なテーマ
テーマが散漫になるため，利用者にとっては漠然としていて効率のよい資料・情報収集がしにくい	ダイレクトな指示がされているので，そのテーマで調べたい利用者にとっては効率よく資料・情報を収集できる
パスファインダー自体の情報掲載量が多くなってしまう	パスファインダー自体がコンパクトで利用しやすい
作成数はすくなくて済む	多くのテーマを提供する必要がある
より多くの利用者をカバーできる	カバーできる利用者は少ない

　広い主題でもファセットを応用すれば，内容が漠然としないような案内は可能です。詳細な主題の場合も，ファセットを応用して使いやすいパスファインダーを作成できます。

2　2015年8月28日現在。
3　山口純代. "愛知淑徳大学図書館におけるパスファインダー作成の実際". 館灯. Vol. 42, 2004. p. 17-26. 〈http://ci.nii.ac.jp/naid/110001789392〉
4　ここでは「テーマ」は「主題」と同義。

2 主題候補について理解する

パスファインダーの作成者が，そのトピックのことを熟知しているとは限りません。多くの場合，最初に主題についての調査が必要です[5]。

2.1 主題とは

具体的な主題の分析をはじめる前に，主題とは何か，確認します。主題とは，以下のようなものを指します。

- 「テーマ」「トピック」などとほぼ同義
- 特定の情報資源に対しては「内容は何か」「何について書かれているのか」を表現したもの
- 対象が文献であれば，何について書かれているのかという時の「何」にあたる
- 対象が映像であれば，何について撮影されたものかというときの「何」にあたる
- レファレンス質問であれば，質問の中心にある「知りたいもの」「知りたい対象」。つまり「○○が知りたい」「○○について知りたい」という問いの○○の部分を指す

2.2 主題の多様性

あらゆるものごとが主題になりえます。その種類も多様です。

---

5 この調査の詳細は第 5 章を参照。

主題となりうるものは，概念，現象・事象，実存する物，学問領域名，物質名，科学現象，神々の名前，人物名（実在・架空），祝祭日，歴史的出来事，言語名，民族名，建造物など多様です。

抽象的な概念から物理的なもの，個人名や団体名など固有のものも含まれます。ここで挙げた事項について具体的にどのようなものが含まれるのかを**表4-2a，b**にまとめました。

どのようなものが主題となりうるか，上記はごく一部の例ですが，多種多様であることを実感できたと思います。

表4-2a　主題になりうるもの：種類

主題の種類	例
概念	友情
現象	台風 不況
実存する物	夫婦岩
学問領域	遺伝学 文学 物理
物質名	コレステロール
化学現象	酸化
神々の名前	ゼウス
人物名	福沢諭吉 でーたらぼっち
祝日名	建国記念日
歴史的出来事	応仁の乱
言語名	ドイツ語
民族名	ケルト民族
建造物	ギザのピラミッド

表 4-2b　主題になりうるもの：補足

- 概念には，抽象的なものが多く含まれます。
- 現象には，自然現象だけではなく社会現象や化学現象なども含まれます。
- 実存する物，つまり，有形の物理的なものを指しますが，それは自然界だけではなく，人工的なものも含まれます。
- 学問領域の例は，伝統的な学問分野などが典型的です。
- 物質名は，化学物質や成分などですが，金属などもその範囲に入ります[6]。
- 化学現象は文字通り，化学的なあらゆる現象です。
- 神々の名前は，ギリシャ神話や各種宗教の神々の名称です。
- 人名には，実存する人物だけではなく，伝説や文学作品の登場人物なども含まれます[7]。
- 祝日名には，国が定める休日や歴史的に重要な日を指します。歴史的出来事は少なくとも（2015年現在）日本が承認している195の国[8]を対象としただけでも相当数あるはずです。
- 言語名は，国の数以上に存在するはずですが，2013年現在6,500種類以上あるとされています[9]。
- 民族名[10]も，4,200以上も数えます[11]。
- 建物は，太古の時代から現在に至るまで人工的に作られたものすべてが対象です。

6　物質名に関するLCSHの扱いについては，件名標目マニュアル「Subject Headings Manual（SHM）」の規則番号H1149とH1158を参照。
7　個人名に関するLCSHの扱いと汎用的に利用できる件名細目については，SHM規則番号H1110を参照。
8　"世界の統計2015". 総務省統計局. 2015-03-26. http://www.stat.go.jp/data/sekai/pdf/2015al.pdf#page=372, (参照 2015-12-04).
9　言語に汎用的に使用できる件名細目については，SHM H1154を参照。
10　民族名に関するLCSHの扱いと汎用的に利用できる件目細目については，SHM規則番号H1103を参照。
11　綾部恒雄監修. 世界民族事典. 東京：弘文堂, 2000. p. ii.

2.3 主題の概観をとらえることとは？

主題を理解するうえで重要なのは，最初に主題の概観をとらえる，すなわち主題の大枠を描くことです。

概念的な主題であれば，上位概念，下位概念，関連概念，他の分野との接点や重なりなどをとらえることが含まれます。

一方，物理的な主題，たとえば自動車が対象であれば，全体像（外から見た形状）と主要なパーツ，製造方法，材料の種類，性能などの機能に関することも概観に入ります。

概観をとらえるときには直線的，あるいは平面的な関連だけではなく，三次元的，立体的，多角的な関連も含みます[12]。

2.4 主題の典型的側面をつかむ

主題の典型的な側面をつかむことも，主題を把握するうえで重要です。

主題には最初の想定より多くの側面があることは珍しくありません。たくさんの側面から典型的な側面をつかむためには，それらの側面をまとめてゆくプロセスが重要です。このまとめる作業を便宜上，ファセットに束ねる作業とも呼びます[13]。

こうした作業をこなせば，分析対象である主題の包摂関係だけではなく，主題の深度，あるいは奥行きを表現できます。

主題に関わりのある重要な要素をもれなく押さえることが，この

---

[12] 主題の概観をとらえることの重要性については，第5章「1 主題を分析する必要性」の項で詳しく解説します。
[13] 第5章「3 ファセットの決定」も参照。

段階では重要です。

3　パスファインダーの目的，しくみ，構成の確認

　質の高いパスファインダーを作成するときに欠かせないもう一つの重要なポイントは，その目的，しくみ，構成についての理解です。

　パスファインダーの作成者は，第1章で示したパスファインダーにおける重要なポイントを再確認しながら，作業することが肝要です。

4　情報資源の探索と選択

　パスファインダーの目的，しくみ，構成を確認することと並行して，主題についての理解ができたら，情報資源を探す作業，選ぶ作業，そして分析する作業が続きます。

4.1　情報資源の探索

　主題の分析で得た情報をもとに，情報資源の探索を行います。このときの検索語は，統制語彙を参考に選ぶことが理想です。対象となる主題を構成する部分や側面に関する情報を的確に検索できるはずです。

　一つの事柄に対して，それを表すことば（用語）が複数ある，すなわち同義語がある場合は，統制語彙を参照することで候補となる用語を把握する作業が効率化できます。

　たとえば，自転車は英語で「Bicycles」と中学校で習いますが，実際には「Bikes」とも英語では頻繁に表されますし，「Cycles」と

も書かれます[14]。

また，同じことばなのに違う意味を複数もつ語も多数存在します。そのような複雑な用語の把握にも統制語彙は有用です。

どの統制語彙がどのような主題に最適かは，主題に左右されるので，各主題で採用できそうな統制語彙については日頃から調査しておくことです。本書では，多くの主題に広く対応できるため，LCSHを活用します[15]。

情報資源の探索に必要な用語の把握ができたら，実際に情報資源やレファレンスツール等の探索を行います。

4.2 情報資源の選択

情報資源を選ぶとき，その主題が最近のものか，昔からあるものかによって状況が異なる場合があります。新しい主題は情報資源を見つけることが困難な場合があり，伝統的な研究領域の主題では情報資源が多数見つかる可能性が高いはずです。

いずれにしても集められた情報資源を選択するプロセスがあります。情報資源を分析して，パスファインダーに掲載すべきか否かを決定します。

どの資料を選べばよいか，その判断は，その分野の専門家ではない図書館員にとって難しい作業になることは必至です。しかし，主題の概観や典型的な側面などがある程度把握できていれば，情報の質自体の評価はできなくても，主題の典型的な側面や特徴について

---

14 これは『米国議会図書館件名標目表（Library of Congress Subject Headings)』通称・LCSHを参照するとわかります。
15 第5章「1 主題を分析する必要性」で詳しく解説します。

バランスよく扱われているか、あるいは特定の側面に特化しているかといった判断は可能です。主題の分析の有効性は、この段階でも大きな意味を持ちます。

4.3 情報資源の主題分析

次に情報資源の主題分析を行います。主題の分析ができていれば、情報資源の客観的な評価が可能です[16]。

5 レファレンスツール，データベースの利用の指示と解説

情報をさらに探す際に使用できるレファレンスツールやデータベースなども紹介します。その際、どのツールを選ぶかということだけではなく、選んだツールはどう使用すると効率よく検索できるか、という点にも焦点を合わせなければなりません。

この部分でも、主題の分析で得た情報が助けになります。

6 ウェブ情報資源の分析と選択

電子パスファインダーでこそ率先して紹介すべき情報資源は、さまざまなウェブサイトで発信されている有用な情報源です。フリーアクセス（無料）であることも多いため、ウェブサイトの閉鎖や移

---

16 情報資源の主題分析については、第8章「情報資源の主題分析」でパスファインダーに掲載される典型的な情報資源の種類を対象に、その分析方法を詳しく解説します。

転などによるリンク切れにも配慮して選びます[17]。

　すでに述べたように，このような情報源やサイトは必ずしも「その他有用なサイトやリンク」のセクションに含めるだけでなく，内容によっては「下調べ」や「情報収集のセクションで紹介してもよいでしょう。

17　これについても第8章「情報資源の主題分析」で詳しく解説。

第 II 部
主題分析の応用

第5章 主題の分析

1 主題を分析する必要性
2 LCSH の活用
3 ファセットの決定

この章では、主題を分析する実際について具体的な例を取り上げながら、その手順を解説します。

1　主題を分析する必要性：ゾウを例に

第1章「5　パスファインダー作成に不可欠な主題の分析」と第4章「2　主題候補について理解する」で触れたように、主題の分析は主題の理解に必要な知的作業です。

主題の分析が不可欠なのは、それが作成者の主題に対する理解を高める有効な手段であり、主題の全体像とその主要なパーツや典型的な側面をできるだけ正確に把握するための下準備だからです。

最初に主題の概要と、その主題の典型的側面を把握します。

たとえば「象」という動物を一度も見たことがない人に、その姿を説明することを想像してください。「象」は姿形がある物理的な存在ですから、イラストや写真などで補足解説が可能です。

また、抽象的な概念や無形のしくみ、たとえば「心理学」について説明する場合はどうでしょうか。最初に全体像をとらえるための概要、あるいは心理学が置かれている環境や学問が生まれた背景を取り上げ、次に心理学に関する特徴的な部分や側面について取り上げて説明する方法が一般的です。

写真やイラストなど画像や図式で例示する場合でも、文章だけで説明する場合でも同じです。しかしこの時、全体像や概要を一切取り上げず、ごく一部分だけを大写しにして紹介したらどうでしょうか？　「象」を例に考えてみましょう。

鼻だけのイラストは次のようなイメージで、説明はこんな風です。

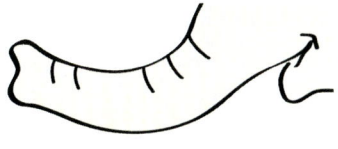

図 5-1　ゾウの鼻

> 上唇とともに長く伸びて 2 メートルにも達し，4〜5 万ほどの筋肉からなっていて，人間の手と同様の働きをする。餌（えさ）を口に運ぶばかりでなく，飲み水も鼻の中に吸い上げて口に入れるが，その量は 1 回に 5.7 リットルにも及ぶ。[1]

そして耳だけの説明が続きます。

図 5-2　ゾウの耳

> 耳は大きく，とくにアフリカゾウが顕著で，放熱器官の役割を果たす。[2]

1　"ゾウ"，日本大百科全書（ニッポニカ），ジャパンナレッジ（オンラインデータベース），入手先〈http://www.jkn21.com〉，（参照 2015-08-31）.
2　"ゾウ"，日本大百科全書（ニッポニカ），ジャパンナレッジ（オンラインデータベース），入手先〈http://www.jkn21.com〉，（参照 2015-08-31）.

さらに，しっぽだけ。

図 5-3　ゾウのしっぽ

しっぽの説明は，さらに短い一文でまとめられています。

| 尾の先端には房状の長い毛が生える。[3]

「象とは，このような鼻，耳，しっぽを持った動物です」という説明とそれぞれのイラストだけでは「象」について納得のいく案内をしたとは言いがたいはずです。

断片的なイラストや説明文だけから全体の姿を組み立てると，実際とはかけ離れたイメージになっても不思議ではありません！　こんな風に！

3　"ゾウ"，日本大百科全書（ニッポニカ），ジャパンナレッジ（オンラインデータベース），入手先〈http://www.jkn21.com〉，（参照 2015-08-31）．

1　主題を分析する必要性　53

図 5-4　想像上のゾウのメージ

　こんなにかわいい子象のイメージを想像することは，事実上難しいのではないでしょうか？

図 5-5　ゾウのイメージ

部分的な図や説明を提示されただけでは，それについて初めて調

べようとするひとにとっては，それが何なのかを，にわかにつかむことは難しいということです。

　最初に全体像（概観），次にそれを形成する特徴的な部分，あるいは主要な部分，主題の側面に関する映像や説明がわかりやすく提供されていれば，主題に関する理解を手助けできるはずです。ただし，情報の提示が多すぎると初学者の混乱を招くことにも注意しなければなりません。

　だからこそ，物理的なものでも，学問や社会現象のような無形，あるいは抽象的な主題でも，情報を提示する際には，第1章「4　パスファインダーの特徴を整理する」で説明したように，わかりやすい形で整理して，あるいはその主題特有のファセットでまとめて，提示します[4]。

2　LCSH の活用

　主題について効率よく把握するには，どうすればよいでしょうか？

　すぐ思いつくことは，その主題の古典的な教科書を読むことや，百科事典や専門事典などを調べる方法です。しかし場合によっては，それだけでは不十分であったり，反対に，あまりにも情報量が多くて，すべてを読むことが難しいだけではなく，どれから読み始めればよいのか，どこまで読み込めば十分に調査したことになるのか，などの判断がつかないことが予想できます。主題は多種多様なので，すべてに共通する分析方法を編み出すことは非現実的です。図書館

4　ファセットについては，第5章「3　ファセットの決定」で詳しく解説。

員にあらゆる主題の専門知識があれば可能かもしれませんが，それもまた非現実的です。

そうした場合，コンパクトに活用できるのが，標準的な主題統制語彙集です。すでに述べたように，本書では『米国議会図書館件名標目表（Library of Congress Subject Headings)』を活用します[5]。

LCSHの翻訳は今のところありません。『国立国会図書館件名標目表（National Diet Library Subject Headings：NDLSH)』の標目に同じ意味のLCSHが参照形の標目として収録されています。通常は，一般公開されているLCSHを『Authorities and Vocabularies』のサイト[6]から参照します。

2.1 主題の包摂関係

ここでは異なった種類の主題を例に，主題の分析の実際を見ていきます。

1例　友情：抽象的な概念

人と人との間にある関係，または感情の一例として「友情」について分析します。この主題に限らず，多くの場合，主題については，百科事典，時事用語事典などを最初に調べます。サーチエンジン等のウェブ情報資源を参照してもよいでしょう。いずれの場合も信頼性がある情報源から判断することが重要です。

5　LCSHについては，拙著『主題アクセスとメタデータ記述のためのLCSH入門』『レファレンスサービスのための主題・主題分析・統制語彙』も参考になります。
6　"LC Linked Data Service：Authorities and Vocabularies." Library of Congress. http://id.loc.gov/,（access 2015-12-04）.

〈レファレンスツールを利用して調べる〉

『デジタル大辞泉』[7] では,友情とは「友達の間の情愛。友人としてのよしみ」。

『日本国語大辞典』[8] では「ともだちの間で,相手の立場を尊重し思いやる心」とあります。

〈LCSH を利用して主題の包摂関係を調べる〉

LCSH で「Friendship」を調べます。

友情（Friendship）という概念には,心理学の視点（BF575.F66）,道徳の視点（BJ1533.F8）,人類学の視点（GN486.3）のおおよそ3種類の視点から研究されていることが,典拠レコードに記載のある LC 分類記号[9] の情報からわかります。

そして広義の用語（Broader terms：BT）すなわち広義の主題[10] として「処世」や「対人関係」があるとわかります。

狭義の用語（Narrower Terms：NT），または狭義の主題として「親友」「女同士の友情」「ペンフレンド」「秘密の友人」などが含まれることも確認できます。

友情（Friendship）
BT：処世　　Conduct of life

7　"友情",デジタル大辞泉,ジャパンナレッジ（オンラインデータベース）,入手先〈http://www.jkn21.com〉,（参照 2015-08-31）.
8　"友情",日本国語大辞典,ジャパンナレッジ（オンラインデータベース）,入手先〈http://www.jkn21.com〉,（参照 2015-08-31）.
9　Library of Congress Classification（LCC）記号のこと。
10　BT,NT,RT などの記号の T は Term であり,対する訳語は「用語」です。LCSH の場合,用語はすなわち「主題」を表現するものであるため,本書では,「主題」と表記しています。

対人関係　　Interpersonal relations
NT：親友　　Best friends
　　　仲間　　Fellowship
　　　女の友情　　Female friendship
　　　人種間の友情　　Interracial friendship
　　　男の友情　　Male friendship
　　　近所付き合い　　Neighborliness
　　　ペンフレンド　　Pen pals
　　　秘密の友人　　Secret friends

LC分類記号（LCC）：BF575.F66　（BF＝心理学）
　　　　　　　　　　BJ1533.F8　（BJ＝道徳）
　　　　　　　　　　GN486.3　（GN＝人類学．民族学）

　そして，関連用語（Related Term：RT）すなわち関連主題として愛情があることもわかります。

　③RT：愛情 Love

　ここまでは友情という主題の広がり，または包摂関係を確認しました。
　続けて，友情についての側面をとらえることによって，より立体的，多次元，多角的にその主題を理解できます。側面を確認するには，LCの所蔵目録をチェックすることが一番手っ取り早い方法です。なぜなら，LCのオンライン目録[11]は，LCSHを実際付与した情報資源を確認できるからです。

検索結果から「Friendship（友情）」に，宗教的側面，社会学的側面，社会的側面，心理学的側面などの側面が見つかりました。

> 友情の側面：宗教的側面 -- Religious aspects
> 　　　　　　社会学的側面 -- Sociological aspects
> 　　　　　　社会的側面 -- Social aspects
> 　　　　　　心理学的側面 -- Psychological aspects

LCSH は文献的根拠（Literary warrant）がある件名標目表です。つまり，件名標目が収録されているということは米国議会図書館をはじめ LCSH を利用する多数の図書館の蔵書のなかに，その主題をもつ文献が存在する（研究がある）ことを意味します。

2 例　遺伝学：学問分野

学問分野の一例として「遺伝学」を見ていきます。

〈レファレンスツールを利用して概説を調べる〉

> 生物学の一分野で，遺伝と変異の現象を対象とする科学。少し砕いて言えば，生物の形質が親から子にどのようにして伝えられるか，また親と子の間，または子たちの間に見られる変異はどうしてできるのか，などの点について研究する学問ということができよう。[12]

11　Library of Congress Online Catalog（http://catalog.loc.gov/）で検索窓右横の「Browse」リンクを選び，検索のプルダウンから「Subject beginning with」を選んで Friendship を検索します。

###〈LCSH を利用して主題の包摂関係を調べる〉

LCSH で「Genetics」を調べます。

BT：生物学　　　Biology
　　胎生学　　　Embryology
　　メンデルの法則　　Mendel's law

「遺伝学（Genetics）」には，広義の学問として「生物学（Biology）」「胎生学（Embryology）」「メンデルの法則（Mendel's Law）」があります。

生物学は，生科学（Life sciences）の一分野として，胎生学は発生生物学（Developmental biology），動物学（Zoology）などの狭義の主題としてとらえられる学問です。たとえば，メンデルの法則は「農業（Agriculture）」の狭義の主題の「交配学（Breeding）」のさらに狭義の主題と，とらえられます。

狭義の主題は 50 件近くありますが，以下はその抜粋です。

NT：能力 -- 遺伝学的側面　　Ability -- Genetic aspects
　　老化 -- 遺伝学的側面　　Aging -- Genetic aspects
　　対立　　Allelomorphism
　　動物遺伝学　　Animal genetics
　　行動遺伝学　　Behavior genetics
　　キメラ現象　　Chimerism

---

12 "遺伝学"，日本大百科全書（ニッポニカ），ジャパンナレッジ（オンラインデータベース），入手先〈http://www.jkn21.com〉，（参照 2015-08-31）．

環境遺伝学　　　Ecological genetics
　　　ゲノム　　　Genomes
　　………他 41 件

すべて羅列するまでもなく，これらは，専門用語であり，それぞれを調べるとさらに主題の領域が広がります。

そして，遺伝学の側面には以下を挙げることができます[13]。

　　遺伝学の側面：器具 -- Instruments
　　　　　　　　　数理モデル -- Mathematical models
　　　　　　　　　研究 -- Research
　　　　　　　　　技術・テクニック -- Technique

関連する主題には以下があります。

　　適応（生物学）　　Adaptation (Biology)
　　交配　　Breeding
　　染色体　　Chromosomes
　　遺伝　　Heredity
　　突然変異（生物学）　　Mutation (Biology)
　　変異・変種（生物学）　　Variation (Biology)

13　LCSH の標目の側面は，LC Authorities（LC 典拠）のページ（http://authorities.loc.gov/）でも確認できます。"Search authorities" をクリックし，検索語を入力。主標目の後の「 -- 」に続く用語（件名細目）が主題の側面を表現します。

「突然変異」の後にカッコ書きで「(生物学)」とあるのは，「突然変異」という用語が音声学や数学にも使用されるからです。カッコ書きがある標目は，同音異義語の識別に使用されます。

3 例　ピラミッド：物理的な建造物

いままでの例は，抽象的な概念，学問の一領域でした。今度は物理的なもの，たとえばピラミッドのように人工的に作られたものの場合です。

〈レファレンスツールを利用して調べる〉

ピラミッド（Pyramids）とは？

> 石あるいはれんが造りの四角錐（すい）の建造物。エジプトにあるものとラテンアメリカにあるものが著名だが，その建造目的は異なる。[14]

ピラミッドは，エジプトのピラミッドが有名ですが，メキシコやイタリアにも古代遺跡が存在することが百科事典の情報から把握できます。その特徴的な形だけをとらえれば，パリ[15]やメキシコ[16]の新しい名所のように，現代建築にも採用されていることがインター

---

14 "ピラミッド"，日本大百科全書（ニッポニカ），ジャパンナレッジ（オンラインデータベース），入手先〈http://www.jkn21.com〉，(参照 2015-08-31).
15 "パリに高さ 200 メートルのピラミッド型高層ビル，2012 年完成予定". AFPBB News. 2008-09-26. http://www.afpbb.com/articles/-/2521369?pid=3373486，(参照 2015-12-04).
16 筒井健二. "地下 65 階！逆ピラミッドビル誕生：メキシコで驚くべき建設計画が進行中". R25. 2013-01-17. http://r25.yahoo.co.jp/fushigi/wxr_detail/?id=20130117-00027465-r25，(参照 2015-12-04).

ネットの情報からも把握できます。
〈LCSH を利用して主題の包摂関係を調べる〉
 LCSH ではピラミッドは古代に建造されたものが対象となります。したがって，考古学，古代建築，記念碑，墳墓という広義の用語（BT）の下に位置する主題です。

　　BT：考古学　Archaeology
　　　　古代建築　Architecture, Ancient
　　　　記念碑　Monuments
　　　　墓の記念碑　Sepulchral momuments
　　　　墳墓　Tombs
　　NT：オベリスク　Obelisks

 ピラミッドに与えられた LC 分類記号は「DT63」であり LC 分類表のアウトライン[17]を参照すると，エジプトの古代史に位置することがわかります。また，ピラミッドと言っても，考古学（CC）の研究なのか，建築の歴史（NA210）なのか，彫刻としての記念碑（NB1330）なのか，特殊な彫刻（NB1800），あるいは考古学的側面（C77）からみた墳墓としての分析なのか，など多様な主題であることが LCSH と LC 分類記号を参照することでわかります。
 また，ピラミッドの狭義の主題には「オベリスク」があります。ワシントン D.C. の記念碑もオベリスクの一例です。アメリカの初代大統領ジョージ・ワシントンを称えて建造された建造物とされて

---

17 "Library of Congress Classification Outline." Library of Congress. http://www.loc.gov/catdir/cpso/lcco/,（access 2015-12-04）.

います。

　ピラミッドの広義，あるいは狭義の用語の分析から，それぞれ考古学，建築，古代史，あるいはエジプト古代史などに及びます。ピラミッドはとらえかたによって，主題の中身や側面が異なります。

　例として「建築」の視点でとらえた場合の典型的な側面を LCSH から抜き出してみました。

　　　ピラミッドの側面：
　　　　　　　歴史 -- History
　　　　　　　保存と修復 -- Conservation and restoration
　　　　　　　デザインと設計 -- Designs and plans

「建築」の側面には，歴史，保存と修復，デザインと設計などがあります。そして，建築の工学的な側面なのか，芸術的側面なのかによって側面が異なることも意識しなければなりません。

　またピラミッドの他分野との接点の例として，「美術におけるピラミッド（Pyramids in art）」があります。

　LCSH を参照することで，美術の分野で表現されるピラミッドという，特定の環境に限定した主題が存在することに気付かされます。

　ここまで分析した「友情」「遺伝学」「ピラミッド」は，その包摂関係も側面に関しても複雑ではありません。狭義の主題や側面に関しては，比較的扱いやすい数です。しかし，多くの主題は 100 を超える数の側面，あるいは狭義の主題があり，場合によっては両方を多数もつものも少なくありません。

2.2 側面について調べる

続いて「野菜」と「ひと」を調べます。主題が想像を超える数の側面をもつ例です。

1 例　野菜

図5-6　カボチャとトウモロコシ

カボチャやトウモロコシは「農作物」という同じカテゴリ，あるいは同類項に属するため，両者は共通した側面を持ちます。このような「物事の道理」を分析してそのしくみをLCSHでは標目表に生かすことができています。

カボチャが多くの側面を持ちうる主題であることは，LCSHが「野菜のモデル標目」として展開している「トウモロコシ（Corn）」を参考にして，全体を把握できます。

トウモロコシに展開されている件名細目は，およそ300です[18]。

---

18 これについては，冊子体のLCSHか，Webアクセス可能な『ClassificationWeb』にある一覧がより見やすいですが，無料で提供されている『Authorities and Vocabularies』サイトから閲覧することも可能です。

表 5-1 モデル標目の件名細目から抜粋

カボチャの側面（LCSH　件名細目）	
異常　Abnormalities	霜による被害　Frost damage
老化　Aging	政府方針　Government policy
分析　Analysis	工業利用　Industrial applications
解剖学　Anatomy	法律と立法　Law and legislation
生物工学　Biotechnology	マーケティング　Marketing
分類　Classification	包装　Packaging
クローン　Clones	植え付け　Planting
成分　Composition	宗教的側面　Religious aspects
病気と害虫　Diseases and pests	研究　Research
経済的側面　Economic aspects	セラピーでの利用　Therapeutic use
空気中の二酸化炭素による影響　Effect of atmospheric carbon dioxide on	ウイルス　Virus
光の影響　Effect of light on	雑草コントロール　Weed control
道具と用品　Equipment and supplies	

表 5-1 はそこから 25 ほど抜き出したものです。どのような側面があるのか大方つかむため，ランダムに選びました。

この表からは，多くのひとが思い浮かべるであろう農作業に関連する側面だけではなく，流通，法律，経済，科学工学，医学での応用に関するものなど，多様な分野に渡ることがわかります。残りの 250 ほどの側面を分析するともっと違った分野に関連するものが出てくるかもしれません。たとえば，この表にはない「料理法」や「レシピ」などの側面は「食」に興味のあるひとであれば，すぐに思いつくはずです。

「カボチャ」という野菜が，ひとたび主題，すなわち研究対象（調べたい対象）となった場合には，想像以上に多様な側面を持ちうることを，この表から想像できたのではないでしょうか。

2 例　ひと

それでは，ひとの場合，すなわち特定の人物が主題となった場合にはどうでしょうか？

ひとに関しては，およそ230の側面を持ちうることがわかります。**表 5-2** は，ひとに対する側面を抜粋したものです。側面がトピック的なものと情報の形式に関することは，それぞれ $x，$v の MARC21 のサブフィールドのコードで区別しています。

図 5-7　ひと

表 5-2 から具体的な人物，たとえば徳川家康を考えてみます。側面のうち「$v」は，情報の形式を表現しているので，

徳川家康，1542-1616 -- Bibliography
徳川家康，1542-1616 -- Chronology
徳川家康，1542-1616 -- Fiction

は，それぞれ次のようになります。

19　ただし，この側面は，美術，文学，音楽，表現芸術の分野で活動している人物に限る。

表 5-2 ひとに対する側面の抜粋

($x = トピック的なもの, $v = 形式的なもの)

側面（LCSH 件名細目）	種類 $x $v	日本語訳
Adversaries	$x	敵対者・対抗者
Aesthetics	$x	美学
Alcohol use	$x	アルコール嗜好
Archives	$v	アーカイブ
Art collections	$v	美術作品
Bibliography	$v	書誌
Birth place	$x	出生地
Books and reading	$x	本と読書
Career in [specific field or discipline]	$x	[特定の分野または学問分野]におけるキャリア
Chronology	$v	年表
Criticism and interpretation	$x	批評と解釈[19]
Ethics	$x	道徳
Family	$x	家族
Fiction	$v	小説
Friends and associates	$x	友人と同僚
Health	$x	健康
Homes and haunts	$x	家と生息地
In literature	$x	文学における〜
Influence	$x	影響
Library	$x	図書館
Library resources	$x	図書館情報資源
Mental health	$x	精神衛生
Museums	$x	博物館
Philosophy	$x	哲学

側面（LCSH 件名細目）	種類 $x $v	日本語訳
Political and social views	$x	政治的・社会的意見・見解
Psychology	$x	心理
Relations with women	$x	女性関係
Religion	$x	宗教
Self-portraits	$v	自画像
Sources	$v	先行作品, 情報源（出典）
Teaching	$x	教え
Travel	$x	旅行
Written works	$x	執筆作品[20]

　徳川家康に関する書誌（文献リスト）
　徳川家康に関する年表
　徳川家康に関する小説

　これは, その人物に関する特定の形式の情報を表現しているということです。

〈ひとの側面の種類〉

　側面を種類別に分けてみると,「A. 関連のある人々」「B. 精神・内面」「C. 社会との関連」「D. 生立ち・環境」「E. 外的評価」「F. 情報資源」「G. 関連施設」「H. その他」の計7項目が考えられます。

　さらにその内訳は**表5-3**のとおりです。

　この中で興味深いのは「その他」です。多様な種類の側面があることがわかります。

20　ただし, この側面は美術, 音楽, 表現芸術の分野で活動している人物に限る。

表5-3 ひとに対する側面のまとめ例

A. 関連のある人々	敵対者
	家族
	友人と同僚
	女性関係
B. 精神・内面	道徳
	精神衛生
	哲学
	心理
	宗教
	美学
C. 社会との関連	政治的・社会的意見・見解
	影響
	教え
	［特定の分野または学問分野］におけるキャリア
D. 生立ち・環境	アルコール嗜好
	出生地
	本と読書
	健康
	家と生息地
	旅行
E. 外部評価	批評と解釈
F. 情報資源	書誌
	年表
	自画像
	図書館情報資源
G. 関連施設	アーカイブ
	図書館
	博物館
H. その他	美術作品
	小説
	文学における〜
	先行作品，情報源（出典）
	執筆作品

「美術作品」は個人を対象とする美術作品,「小説（徳川家康を題材にした小説)」はその個人について描かれた「小説そのもの」,「文学における人物（文学における徳川家康)」はその人物が文学作品でどのように描かれているのかという文学評論に関わる内容の情報資源です。

以上のように，LCSHのしくみを参考にすれば，特定の人物，たとえば徳川家康について研究する場合，非常に多くの切り口（側面）があることを発見できるのです。このことは同時に，パスファインダーのテーマの選択肢を把握したい場合や絞り込みに大いに役立つことを意味します。

ちなみに表5-3でまとめた側面の種類の名称は，一個人が主題になった際のファセットとなりうるものです[21]。

2.3 モデル標目の利用

LCSHには徳川家康のような「特定のひと」だけではなく「特定の団体」，医者，老人，作曲家など「特定の人のグループ」，アイヌやケルト民族など「特定の民族」「特定の家族」「場所（地名)」などの主題に共通する側面をまとめて参照できるしくみがあります[22]。

このほか主題の側面を効率よく把握するしくみとして『モデル標目（Pattern Headings)』と呼ばれる標目があります。すべての主題に適用できるものではありませんが，多くの主題に活用できる便利なしくみです。

---

[21] ファセットについては，第5章「3 ファセットの決定」で詳しく解説。
[22] これについては，『件名標目マニュアル（Subject Headings Manual)』に説明があります。『主題アクセスとメタデータ記述のためのLCSH入門』のp.38とp.74にもこれに関連する説明があります。

モデル標目には，LCSH本表には記述はなくても，同じカテゴリの標目に共通で使用可能な「件名細目（subdivisions）」が展開されています。「トウモロコシ（Corn）」は，植物と農作物のモデル標目です。「トウモロコシにあてはまることは，カボチャやナスやにんじんについてもあてはまる」という論理です。

　件名細目によって，主題の側面を表現します。基本的に主標目とセットで存在し，単独では存在しませんが，それ自体が主標目，すなわち主題になるものもあります。

(1) モデル標目一覧

　LCSHのモデル標目を**表5-4**にまとめました。

(2) モデル標目の例：楽器のバイオリン

　楽器のモデル標目について説明します。楽器のモデル標目は，鍵盤楽器がピアノ，管楽器がクラリネット，弦楽器がバイオリンを採用しています。

```
鍵盤楽器　→　ピアノ　　　　Piano
管楽器　　→　クラリネット　Clarinet
弦楽器　　→　バイオリン　　Violin
```

　弦楽器のバイオリンについていえることの多くは，箏についてもいえる，と考えるわけです。

　同じく，ピアノについていえることはチェンバロやオルガンに対していえますし，クラリネットにいえることは，オーボエに対しても言えます。それぞれのタイプの楽器に特有の側面がモデル標目に展開されています。

　すべての楽器に共通して使用可能な側面はLCSHの『件名標目

表5-4 LCSHのモデル標目一覧[23]

(Category)	Pattern Headings (Pattern Heading)	(カテゴリ)	日本語訳	(モデル標目)
Animals	Fishes Cattle	動物		魚 牛
Art	Art, Chinese Art, Italian Art, Japanese Art, Korean	芸術		芸術, 中国の 芸術, イタリアの 芸術, 日本の 芸術, 韓国の
Chemicals	Copper Insulin	化学物質		銅 インシュリン
Colonies	Great Britain -- Colonies	植民地		大英帝国 -- 植民地
Diseases	Cancer Tuberculosis	病気		癌 結核
Educational institutions Individual Types	Harvard University Universities and colleges	教育機関 個々の教育機関 教育機関の種類		ハーバード大学 総合大学および単科大学
Industries	Construction industry Retail trade	産業		建築産業 小売業界
Language and groups of languages	English language French language Romance languages	言語と言語群		英語 フランス語 ロマンス語
Legal topics	Labor laws and legislation	法律関連トピック		労働法と立法
Legislative bodies	United states. Congress	立法機関		アメリカ合衆国. 議会
Literary authors (Groups)	Authors, English	文学作家（グループ）		作家, イギリスの
Literary works entered under author	Shakespeare, William,1564-1616. Hamlet	著者が明確な文学作品		シェイクスピア, ウィリアム, 1564-1616. ハムレット

Literary works entered under title	Beowulf	著者が不明な文学作品	ベオウルフ
Literatures (including individual genres)	English literature	文学(個々のジャンルも含む)	英文学
Materials	Concrete Metals	素材/材料	コンクリート 金属
Military services	United States -- Armed Forces United States. Air Force United States. Army United States. Marine Corps United States. Navy	軍隊	アメリカ合衆国 -- 軍隊 アメリカ合衆国. 軍隊 アメリカ合衆国. 陸軍 アメリカ合衆国. 海兵隊 アメリカ合衆国. 海軍
Musical compositions	Operas	音楽作品	オペラ
Musical instruments	Piano Clarinet Violin	楽器	ピアノ クラリネット ヴァイオリン
Organs and regions of the body	Heart Foot	臓器や人体の部分	心臓 足
Plants and crops	Corn	植物と農作物	とうもろこし
Religious and monastic orders	Jesuits	修道会	イエズス会
Religions Christian denominations	Buddhism Catholic church	宗教 キリスト教宗派	仏教 カトリック教会
Sacred works	Bible	聖典	聖書
Vehicles, Land	Automobiles	乗り物,陸上の	自動車
Wars	World War, 1939-1945 United States -- History -- Civil War, 1861-1865	戦争	第二次世界大戦, 1939-1945 アメリカ合衆国 -- 歴史 -- 南北戦争, 1861-1865

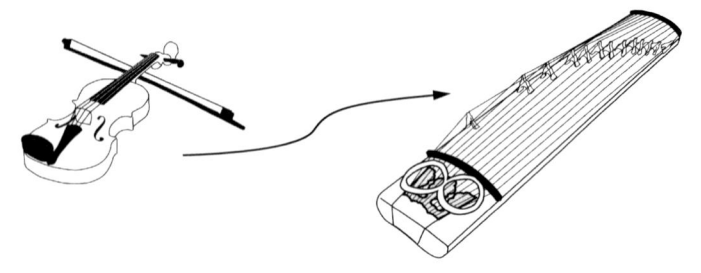

図 5-8 バイオリンと箏

マニュアル』[24] の〈H1161〉の規則を参照することで把握できます。展開可能な側面として,およそ140種類が示されています。ただし,楽器によって適用できるものとできないものがある点に配慮します。たとえば「弓使い(Bowing)」はバイオリン,ヴィオラ,二胡などにある側面ですが,同じ弦楽器でも演奏のための弓を使わないギター,バンジョー,箏などには応用できません。このように適宜常識的な判断をしていきます。

表 5-5 は,バイオリンに適用される件名細目を〈H1161〉から抜粋したものです。

分析すると,バイオリンに適用されて,ギターや箏に適用されない細目として,前述の「弓使い(Bowing)」があります。同時に,この表には含めなかった細目には,管楽器特有の側面の「Tonguing(タンギング)」「Breath control(ブレス・コントロー

---

23 Library of Congress. Library of Congress subject headings. 35th ed. Washington, D.C. : Library of Congress, Cataloging Distribution Service, 2013. p.xiv.
24 "List of the Subject Heading Manual PDF Files." Library of Congress. https://www.loc.gov/aba/publications/FreeSHM/freeshm.html, (access 2016-10-27)

2 LCSHの活用 | 75

表5-5 バイオリン（弦楽器）に汎用的に使用できる件名細目

件名細目	日本語訳
$x Acoustics	音響効果
$x Bowing	弓使い
$v Catalogs and collections (MaySubdGeog)[25]	目録とコレクション
$v Chord diagrams	コード・ダイアグラム
$x Construction (MaySubdGeog)	製作
$x Construction -- Competitions (MaySubdGeog)	製作 -- コンペ
$x Fingering	指使い
$x Harmonics	ハーモニックス
$x Instruction and study (MaySubdGeog)	指導と学習
$x Intonation	音調
$x Maintenance and repair	整備と修理
$x Methods	メソッド
$x Methods -- Group instruction	メソッド -- グループ指導
$x Methods -- Juvenile	メソッド -- 児童
$x Methods -- Self-instruction	メソッド -- 独学法
$x Methods (Jazz)	メソッド（ジャズ）
$x Methods (Swing)	メソッド（スイング）他ジャンル多数
$x Methods（この他音楽のジャンル多数あり）	メソッド（ブルース, ブギー, カントリー, フォーク, ゴスペル, ロック他）
$v Orchestral excerpts	オーケストラ作品抜粋集
$x Performance (MaySubdGeog)	演奏
$x Performance -- Competition (MaySubdGeog)	演奏 -- コンペ
$x Religious aspects	宗教的側面
$v Studies and exercises	学習と演習
$v Studies and exercises -- Juvenile	学習と演習 -- 児童
$v Studies and exercises (Fiddling)	学習と演習（フィドリング）
$v Studies and exercises (Jazz) 他	学習と演習（ジャズ）他ジャンル多数
$x Tuning (MaySubdGeog)	調律

ル)」や,鍵盤楽器に対応する「Pedaling（ペダリング）」があります。

ただし「ブレス・コントロール」は声楽,あるいは歌うことにも適用されますし,「ペダリング」は弦楽器のハープにも適用される側面です。

2.4　汎用件名細目の利用

モデル標目に加えてLCSHの便利なしくみに汎用件名細目（Free-floating subdivisions）があります。楽器に共通する件名細目のリストよりもっと広く,多くの主題に共通して使用できる汎用件名細目を理解しておくと大変便利です。

汎用件名細目のリストは,『件名標目マニュアル』の〈H1095〉に記載があります。この中には,主題の側面を表現する「経済的側面（Economic aspects）」「歴史（History）」「学習と指導法（Study and teaching）」などトピカル件名細目のものと,「書誌（Bibliography）」「伝記（Biography）」「辞典（Dictionaries）」「地図（Maps）」など情報資源の形式を表現する形式件名細目があります。

これらの件名細目は,LCSHの本表上に記載がなくても,汎用的に使えるものです。適用範囲等に関する詳しい情報は,LCの典拠レコード[26]から確認ができます。

たとえば地図を表現する「Maps」は,トピカル標目[27]としても,トピカル件名細目としても,形式件名細目としても利用可能です。形式件名細目として利用する場合には,「国や市町村名,個々の団

---

25 「MaySubdGeog」は地理区分が可能な件名細目という意味です。
26 LCの典拠レコードは,Library of Congress Authorities and Vocabulariesのサイト（http://id.loc.gov/）からも参照できる。
27 ここでいう「トピカル」とは,形式名,個人名,団体名以外の主題を指す。

体名，トピカル標目の下，それら主題に関連する地図あるいは地図集などに対して使用する[28]」と指示があります。

3 ファセットの決定

3.1 ファセット決定の工程

ここでパスファインダー作成におけるファセットの決定について，全体の流れを説明します。

作業で重要なことは，主題の分析からファセットを決定する作業では，思考の流れが中断しないことが理想ということです。実際には一連の作業が順に一方向へ必ずしも進むわけではないため，多くの時間がかかります。

しかし，この一連の地味な作業において，工程をしっかり押さえて結果を積み重ねておけば，次の工程の情報資源の分析作業が楽になり，パスファインダーに掲載する情報資源の選択を効率良く進めることができます。

ファセットを決定する流れは，**表 5-6** のように主題の分析作業に重なります。

工程を順に説明します。場合によっては，二つの作業を同時に進めていく，あるいは工程を行ったり来たりするため，相当の手間がかかります。

---

28 Maps の形式細目の典拠レコード（http://id.loc.gov/authorities/subjects/sh99001269.html）を参照。"Use as a form subdivision under names of countries, cities, etc., and individual corporate bodies, and under topical headings for individual maps or collections of maps on those subjects."

表5-6 主題の分析に重なるファセット決定の工程

工程	項目
①	定義の確認 → レファレンスツールや概説書等から
②	LCSH を使用した包摂関係の把握 → 主題の広がりの確認
③	主題の定義との照合 → 定義の内容と LCSH との重なりの確認
④	重要概念のリストアップ，あるいは図式化 → 繰り返し定義に現われる概念の確認 → 意味の把握
⑤	特に，重要概念のリストと NT と件名細目との照合が重要 → ファセットを抽出するヒントになる
⑥	ファセットの決定 → 似たもの同士をまとめる。
⑦	大学のカリキュラムとの照合 → シラバス等の分析からパスファインダーの主題の範囲を決定

①定義の確認は，多くの場合，的確なレファレンスツールを用いなければなりません。ツールが選べない場合は，できるだけ多くの定義や概要を集めます。用語の意味を詳しく調査することが重要なのは，意味を調べる過程で，どのようなファセットがあるのか，そのヒントが見つかる可能性があるからです。意味がわかることは，この先の工程で的確に束ねたり，効率よく分類することの前提になります。

②LCSH を参考にして主題を分析し把握します。前項で説明したとおりです。

③情報資源から得た定義，概要と LCSH の分析結果を照らし合わせることで，作成者の主題の理解を深めます。

④定義や概説に繰り返し現われる概念を確認することで，その主題の重要な概念を 把握します。

⑤特に，NTや件名細目との照合がその主題のファセットを決定するヒントになります。NTと件名細目をそれぞれ分析して，似たもの同士（同じカテゴリに属すもの）をまとめます。似た特徴は，たとえば，機能，使用目的，部分やパーツを構成するものなども含まれます。同時に，まとめたグループにわかりやすい名称を仮に与えます。④で確認した主題に重要な概念が似たもの同士を束ねるヒントになる場合が多くあります。

⑥①から⑤までに得た分析をもとに，似たもの同士をまとめてファセットとその名称を決定します。

⑦次は，利用者ニーズとの関連を確認します。これはパスファインダーの主題の範囲を決定する際の重要な作業です。

　大学図書館ではカリキュラムとの照合です。多くの側面をもつ主題や，大きな広がりがある主題の場合に必要な工程です。⑥で決定したファセットをすべて使用せずに，カリキュラムに応じてその一部だけを使用する場合もあります。

　公立図書館などでもパスファインダー作成の目的，市町村の特徴，図書館の目標などによって，この種の工程が必要です。表5-6などが実例です。

以上の工程を経て，ファセットを決定する作業が可能になります。ファセットによって，パスファインダーの重要な機能である情報探索における利用者のナビゲーションを助けることができます。漠然とその主題について案内するのではなく，その主題に典型的な側面に絞って案内するわけです。これは検索の絞り込みを助けるしくみでもあり，機能です[29]。

3.2 ファセット決定の実際

1 例　バイオリン（Violin）

〈定義〉

> （{英} violin）《ヴァイオリン・ヴィオリン・ヴイオリン・ヰオリン》バイオリン属の弦楽器の一種。全長約六〇センチメートル。鋼鉄弦の E 線，腸弦の A 線，針金を巻いた腸弦の D 線および G 線の四弦がある。すいた馬の尾毛を張った弓で演奏する。提琴。ビオロン。[30]

> 擦弦楽器の一。全長約 60 センチで，4 本の弦を張り，5 度間隔に調弦して，馬の尾毛を張った弓でこすって奏する。提琴。ビオロン。[31]

　弦楽器のモデル標目から，バイオリンの側面は表 5-5 のようになります。この側面を似たもの同士，あるいは同類項で束ねて整理した事例が**表 5-7** です。ファセットとして六つの項目を決定しました。

①構造に関すること
②技法・テクニックに関すること
③関連資料群
④教育に関連すること

---

[29] ファセットを活用したナビゲーションの実際は，たとえば WorldCat.org の検索画面を分析するとわかります。
[30] "バイオリン"，日本国語大辞典，ジャパンナレッジ（オンラインデータベース），入手先〈http://www.jkn21.com〉，（参照 2015-08-31）．
[31] "バイオリン"，デジタル大辞泉，ジャパンナレッジ（オンラインデータベース），入手先〈http://www.jkn21.com〉，（参照 2015-08-31）．

⑤録音資料
⑥その他

いかがでしょうか？
一例として，表5-7にまとめましたが，余裕のあるひとは表5-5

表5-7 バイオリンに対する側面のファセット

ファセット	LCSH件名細目（日本語訳）
A 構造	音響効果
	制作
	整備と修理
B 技法・テクニック	弓使い
	指使い
	音調
	ハーモニックス
	メソッド
	メソッド（ジャズ）
	メソッド（スイング）他ジャンル多数
	演奏
C 関連資料	目録とコレクション
	コード・ダイアグラム
D 教育	指導と学習
	学習と演習（フィドリング）
	学習と演習（ジャズ）他ジャンル多数
	メソッド
	メソッド -- グループ指導
	メソッド -- 児童
	メソッド -- 独学法
E 録音資源	オーケストラ作品抜粋集
F その他	演奏 -- コンペ
	制作 -- コンペ
	調律

に戻ってそれぞれ考えてください。これとは別のまとめ方，または束ね方も考えられます。なお，表5-7中グレーでハイライトした「メソッド」で始まる側面は，「B　技法とテクニック」と「D　教育」両方のファセットに共通する側面としてとらえることができますが，技術を重視するか，学習と演習を重視するかによって，それぞれのファセットに振り分けました。

バイオリンといっても，バイオリンという物についてなのか，バイオリンの演奏（技法・テクニックなど）についてなのかによって，パスファインダーで紹介する資料（もしくは同じ資料でも紹介する部分）はまったく違う可能性があります。

2 例　糖尿病（Diabetes）

次は医療関連の主題で分析を試みます。「糖尿病」を分析します。
〈定義〉

> 膵臓（すいぞう）から分泌されるインスリンというホルモンが不足するためにおこる代謝異常に基づく疾患で，次のような特徴をもっている。発病には遺伝的要素が強く，発症は急激に発生するものもあるが，多くは徐々に長い経過をとって悪化していく。治療しないで放置すれば糖尿病性昏睡（こんすい）に陥り死亡する。[32]

この後，原因，症状，検査と診断，治療の説明が続きます。
糖尿病の説明はさまざまな専門事典などにもあり，それぞれ微妙

32　"糖尿病"，日本大百科全書（ニッポニカ），ジャパンナレッジ（オンラインデータベース），入手先〈http://www.jkn21.com〉，（参照 2015-08-31）.

な違いがあります。医学用語であるため専門的な用語が多いことに配慮すると、想定している読者は臨床医や研究医をめざす医学生を対象としているのか、一般教養の学生を対象にしているのかによって説明が異なるでしょうし、一般の市民を対象としているのであれば、かみくだいた形の説明になるでしょう。

適切な定義の広さや深さはパスファインダーが扱う内容に左右されますが、糖尿病の専門家でなければ、内容を決めるためにも複数の定義を参照する必要があります。

〈包摂関係〉

LCSHで「糖尿病（Diabetes）」を調べると、包摂関係は**表5-8**のようにまとめることができます。

「Diabetes（糖尿病）」には、多くのUF、すなわち同義語や類義表現があることがわかります。Diabetesという用語には、具体的に6種類の名称または類義の名称があり、それらの総称としてDiabetesがあります。検索をする際には、Diabetes以外の名称も参考になる可能性が高いため、類語の把握は有用です。

広義の用語（BT）から、糖尿病が「代謝」と「分泌」二つの視点から起こる疾患だとわかります。

関連用語（RT）にある標目は、さらに専門的な用語です。これらを調べるには、それぞれの主題の広がりについても調査しなければなりませんが、ここでは省きます

糖尿病には狭義の用語（NT）となる疾患が6件あります。この六つは、糖尿病に関連した疾患です。Diabetesの定義と狭義の用語から、糖尿病が複合的な疾患の総称であることも理解できます。

〈件名細目〉

続いてDiabetesの側面、すなわち件名細目を分析して、ファセ

表5-8 糖尿病の包摂関係

	LCSH	日本語訳
UF[33]	Brittle diabetes	不安定型糖尿病
	Diabetes mellitus	(真性) 糖尿病
	IDDM (Disease)	Ｉ型インスリン依存性糖尿病
	Insulin-dependent diabetes	インスリン依存性糖尿病
	Ketosis prone diabetes	ケトーシスを起こしやすい糖尿病
	Type 1 diabetes	Ｉ型糖尿病
BT	Carbohydrate intolerance	炭水化物代謝異常症
	Endocrine glands -- Diseases	内分泌線 -- 疾患
RT	Diabetic acidosis	糖尿病性アシドーシス
	Glycosylated hemoglobin	グリコシル化ヘモグロビン
SA[34]	Headings beginning with the word Diabetic 例：Diabetic acidosis Diabetic angiopathies Diabetic athletes 他	Diabeticで始まる熟語形の標目も参照のこと
NT	Acetonemia	アセトン血症
	Alloxan	アロキサン
	Glycosuria	糖尿症
	Insulin shock	インスリンショック
	Non-insulin dependent diabetes	インスリン非依存性糖尿病
	Prediabetic state	前糖尿病状態

---

33 Used For の略。同義・類義の用語を示す。
34 See Also。SAに関する記述は，LCSH 冊子体，および有料のデータベース ClassificationWeb 搭載の LCSH からのみ参照できる。

ットを抽出していきます。

　側面は，『LC Online Catalog』を検索して付与されている件名細目をできるだけ集めます。今回はおよそ63種類の件名細目が確認できました[35]。**表5-9**は，その中から情報の形式（形式件名細目）を除く主題（トピカル[36]件名細目）に限定してまとめたものです。表5-9の2欄目にある記号は，○＝LCSH本表掲載，FF＝汎用件名細目，M＝モデル標目，を表します。

　糖尿病に関する主題的な側面（トピカル件名細目）をこのように一覧にすると，糖尿病がどのような切り口で研究されているのかが把握できます。側面の数は38件と比較的扱いやすい数ですが，わかりやすくするために，似たもの同士がないかを分析して，振り分ける，あるいはまとめていきます。

　どのようにまとめることができるでしょうか？

　ここからは，読者のみなさんの思考プロセスと発想が重要です。糖尿病で似たもの同士を集める際に，いくつかのヒントがあります。

　「療法」と付くものは「治療や療法」についてのものでしょう。用語の意味を，専門事典などで調べるとヒントが見つかる可能性があります。それでも不安なものは，関係の目録を検索して[37]ヒットした情報資源がどのようなものかを検証することで，どのように使用されているかを確認しましょう。

35　2014年5月8日現在。
36　ここでいうトピカル件名細目とは，形式件名細目，時代件名細目，地理件名細目を除く。
37　たとえばWorldCat.orgで「Subject（件名）」に限定して，「"Diabetes -- Complications"」のように検索します。

表 5-9 糖尿病のトピカル件名細目一覧

		トピカル件名細目	日本語訳
1	M	Alternative treatment	代替療法
2	M	Animal models	動物モデル
3	○	Complications	合併症
4	FF	Computer networks	コンピュータネットワーク
5	FF	Data processing	データ処理
6	○	Diagnosis	診断
7	M	Diet therapy	食事療法
8	FF	Economic aspects	経済的側面
9	M	Environmental aspects	環境的側面
10	M	Epidemiology	疫学
11	M	Etiology	病因
12	FF	Examinations	試験
13	M	Exercise therapy	運動療法
14	○	Genetic aspects	遺伝的側面
15	FF	History	歴史
16	M	Hormone therapy	ホルモン療法
17	M	Immunotherapy	免疫療法
18	M	Law and legislation	法と立法
19	M	Molecular aspects	分子面
20	○	Mortality	死亡率
21	M	Nursing	介抱
22	○	Nutritional aspects	栄養的側面
23	○	Oral therapy	経口療法
24	M	Pathogenesis	病原
25	M	Pathophysiology	病態生理学
26	M	Prevention	予防
27	○	Psychosomatic aspects	精神身体的側面
28	M	Psychological aspects	心理学的側面
29	M	Religious aspects	宗教的側面
30	M	Reporting	報告
31	○	Research	研究
32	M	Risk factors	リスクファクタ
33	FF	Social aspects	社会面
34	FF	Study and teaching	学習と指導
35	M	Surgery	手術
36	M	Susceptibility	感染率
37	FF	Technological innovations	技術的イノベーション
38	M	Treatment	治療

〈ファセット〉

分析の結果は複数考えられますが，一例として9種類のファセットにまとめて，**表 5-10** のようにその内容を整理しました。

①治療・療法　Treatment/Therapy
②症状・問題　Complications/Problems
③診断　Diagnosis
④要因・病原　Etiology/Pathogenesis
⑤手術　Surgery
⑥教育　Education
⑦研究　Research
⑧社会　Society
⑨他分野との接点／応用　Other

「糖尿病について」といっても治療法や予防など医学的側面だけではなく，法律や歴史を取り上げた社会的側面もあります。ファセットを応用して整理することで，多岐にわたる主題である糖尿病について，わかりやすく一覧できます。

バイオリンや糖尿病に限らず，多くの主題に対してパスファインダーで扱う内容をどの辺に留めるのかを悩むことは，少なくありません。そのような時にも，主題を分析して，わかりやすく整理しておくことで，作業における判断が容易になることは間違いありません。そして主題のどの側面を取り上げるのかによって，紹介する入門書やレファレンスブックス，データベースの種類や検索方法などが異なる可能性が高いことは，ある程度，経験上わかっているはずです。

表 5-10 糖尿病に対する側面のファセット

ファセット	LCSH 件名細目	日本語訳
①治療・療法	Alternative treatment	代替療法
	Diet therapy	食事療法
	Exercise therapy	運動療法
	Hormone therapy	ホルモン療法
	Immunotherapy	免疫療法
	Nursing	介抱
	Nutritional aspects	栄養的側面[38]
	Oral therapy	経口療法
	Treatment	治療
②症状・問題	Complications	合併症
	Mortality	死亡率
	Risk factors	リスクファクタ
③診断	Diagnosis	診断
	Reporting	報告
④要因	Environmental aspects	環境的側面
	Etiology	病因
	Genetic aspects	遺伝的側面
	Nutritional aspects	栄養的側面[39]
	Pathogenesis	病原
	Susceptibility	感染症
	Psychosomatic aspects	精神身体的側面
⑤手術	Surgery	手術
⑥教育	Examinations	試験について
	Prevention	予防
	Study and teaching	学習と指導
⑦研究	Animal models	動物モデル
	Epidemiology	疫学
	Molecular aspects	分子面
	Pathophysiology	病態生理学
⑧社会	Research	研究
	History	歴史
	Law and legislation	法と立法
	Social aspects	社会面
⑨他分野との接点／他分野の応用	Computer networks	コンピュータネットワーク
	Data processing	データ処理
	Economic aspects	経済的側面
	Psychological aspects	心理的側面
	Religious aspects	宗教的側面
	Technological innovations	技術的イノベーション

わかりやすく整理されていれば,利用者が欲しい情報に絞ってターゲットに近づくための道案内として優れたものになるはずです。忘れていけないのは,こうした作業が利用者の調べやすさにつながるということです。バイオリン(あるいは糖尿病)について知りたい利用者の先回りをしてファセットで整理し,これをたよりに的確に道しるべを立てておくことが大切なのです[40]。

---

38 「治療・療法」と「要因」の両方からの「くくり」が可能であるため,両方のファセットのカテゴリに記述。
39 上記に同じ。
40 ファセットを活用した事例は,たとえば,愛知淑徳大学図書館から提供されている以下のパスファインダーがあります。
・「聴覚障害」〈https://www2.aasa.ac.jp/org/lib/j/netresource_j/pf/pf_hea_dis_j.html〉
・「食育」〈https://www2.aasa.ac.jp/org/lib/j/netresource_j/pf/pf_ed_food_j.html〉
・「観光ビジネス」〈https://www2.aasa.ac.jp/org/lib/j/netresource_j/pf/pf_tour_j.html〉
・「マンガ」〈https://www2.aasa.ac.jp/org/lib/j/netresource_j/pf/pf_mang_j.html〉
・「源氏物語」〈https://www2.aasa.ac.jp/org/lib/j/netresource_j/pf/pf_genj_j.html〉
・「建築法規」〈https://www2.aasa.ac.jp/org/lib/j/netresource_j/pf/pf_bldg-law_j.html〉

第Ⅱ部
主題分析の応用

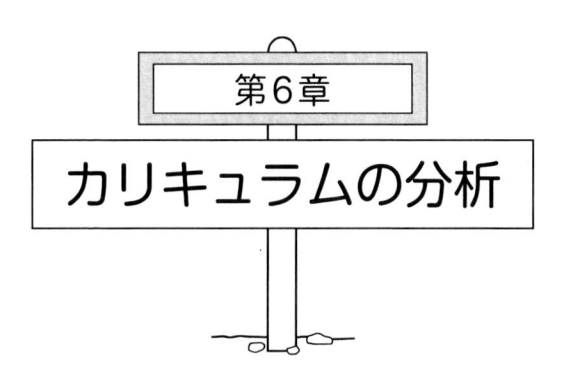

第6章
カリキュラムの分析

1 主題の分析作業の実際
2 シラバスの分析

大学図書館でパスファインダーを作成する場合，カリキュラムとの関連を整理するため，主題の分析とシラバスの内容との照合は重要な工程です。

この章では「都市環境デザイン」という主題を用いて，この工程を解説します。なお，公共図書館の場合には，パスファインダーのテーマ（主題）の決め方はさまざまですが，決まった主題の分析のプロセスは同じです。

1　主題の分析作業の実際

シラバスの内容を分析する前に，シラバスが取り上げている中心的な主題について分析できていることが理想です[1]。

シラバスの内容は担当教員の専門分野に近いはずですが，教える内容の重点が科目名と一致しない場合もあるため，シラバスの内容が主題の内容を網羅しているとは限りません。つまり，シラバスに示された「都市環境デザイン」は，一般的な意味での「都市環境デザイン」と完全に一致するわけではありません。いずれにしても「都市環境デザイン」という主題をある程度まで理解していることは，パスファインダーの作成に最低必要な条件です。

繰り返しになりますが，主題の分析は次の三つの段階によって行います。③は②と前後する可能性があります。

①定義を確認する。
②LCSH（あるいは主題統制語彙集）を使用して主題の包摂関係

1　第1章「5　パスファインダー作成に不可欠な主題の分析」も参照。

を把握する。
③重要な概念を把握して（図式化して）全体像をつかむ。

1.1 定義の確認

最初に専門事典や入門書などから都市環境デザインの定義を，なければ関連がありそうな事項の定義を調査します。

(1) 都市環境デザイン

> 環境デザインとは，建築，土木，造園，都市計画といった既往の専門領域で分断されたデザイン行為を適切に関連づけ，生活のトータリティに対応した総合的な環境を創造するために生まれた概念。環境デザインは……環境という広義の概念の範疇に入るあらゆる環境をハード，ソフトの両面で計画，調査，研究することを指す。その範疇は，地域，社会基盤，都市，建築，ランドスケープ，インテリアなどが含まれる，対象は家具や住宅などの小空間から，山野の自然，農山村，町並み，建築，街路，広場，公園などの地域，都市に及ぶ。[2]

> 空間と環境の関係を図式化すると，空間は生物が存在するための物理的広がりである，環境は，その広がりの内容である。生物が生きる環境には，自然的環境と社会的環境がある。……人間の環境（は），物理的な環境と非物理的な環境から構成されて存在する……物理的な環境は，自然や人工的構築物からなり，非物理的な環境は，政治，経済，法制度，社会，歴史，文化などからなる。そして，これらの環境の方向づけや調節をするこ

---

2 環境デザイン研究会編著．環境デザイン用語辞典．東京：井上書院，2007．まえがき，p.55．

とが環境デザインである。[3]

都市デザイン（Urban design）（都市計画）／都市環境デザイン　魅力ある都市環境を実現する手法が都市デザインである。都市環境の魅力やアメニティの向上に関する社会的関心は，緑や歴史的環境の保全，歩行者空間の質の向上などへの関心として始まった。[4]

都市計画：　都市の一定期間にわたる社会的・物理的・文化的教育的・交通的・公共事業的およびその他一般の諸需要を確定し，それらの需要に応えられるように必要資源を立案用意する専門的過程。[5]

都市計画：　都市内の土地利用・交通・緑地・防災・公共施設の整備などについての計画。能率的で，住民の健康で文化的な生活を確保することを目的とする。[6]

　このような定義から都市環境デザインは，環境デザインの対象が都市に関連する有形無形の何かであることや，都市計画と関係が深いことがわかります。さらに，

---

[3] 大阪大学都市環境デザイン学領域　澤木研究室ウェブサイト内「環境デザインについての考え方」から抜粋（http://www.see.eng.osaka-u.ac.jp/seeud/seeud/research.php#p2）。
[4] "都市デザイン"，情報・知識イミダス，ジャパンナレッジ（オンラインデータベース），入手先〈http://www.jkn21.com〉，（参照 2015-08-31）.
[5] 本田繁編. 都市開発英和用語辞典. 東京：技報堂出版, 1998. p. 18.
[6] "都市計画"，デジタル大辞泉，ジャパンナレッジ（オンラインデータベース），入手先〈http://www.jkn21.com〉，（参照 2015-08-31）.

> ここでいう「環境」は環境工学などの分野が対象とする「自然環境」というよりも，人や建築をとりまく「物的環境」を対象としています。[7]

というコメントも得ました。こうして複数の定義を確認することにより，都市環境デザインに関連する概念は，多角的であることがおぼろ気に見えてきました。

1.2 概念を図式化する

これまでに得た情報を整理して，都市計画と環境デザインとの関係を図式化します。都市計画と環境デザインの重なりを中心に都市環境デザインをとらえれば，都市環境デザインという概念が類推できそうです。

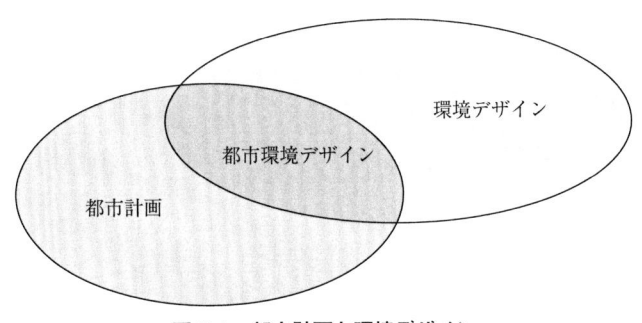

図 6-1 都市計画と環境デザイン

次に環境デザインとはどのような主題か，図にまとめます。複雑

---

7 垂井洋蔵教授への取材から。

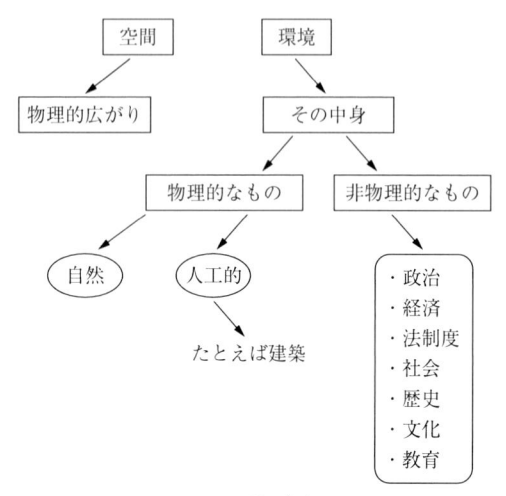

```
         ┌──────┐       ┌──────┐
         │ 空間 │       │ 環境 │
         └──┬───┘       └──┬───┘
            ↓              ↓
      ┌──────────┐    ┌────────┐
      │物理的広がり│    │ その中身 │
      └──────────┘    └────┬───┘
                    ┌──────┴──────┐
                    ↓             ↓
              ┌──────────┐  ┌──────────┐
              │物理的なもの│  │非物理的なもの│
              └─────┬────┘  └────┬─────┘
                 ┌──┴──┐         ↓
                 ↓     ↓       ・政治
               ⎛自然⎞ ⎛人工的⎞  ・経済
                       ↓        ・法制度
                   たとえば建築   ・社会
                               ・歴史
                               ・文化
                               ・教育
```

図 6-2 環境デザイン[9]

な主題ほど，全体を図式化することで情報が整理でき，理解を助ける可能性が高いからです。ゾウの全体像とその部分を把握することの重要性に共通する方法です[8]。環境デザインは，**図 6-2** で表現される「空間」と「環境」に関わります。

1.3 LCSH の活用

LCSH を使って「都市計画 (City planning)」を分析します。

(1) 包摂関係

表 6-1 にまとめました。City planning には，およそ 27 件の狭義

---

8 第 5 章「1 主題を分析する必要性」参照。
9 大阪大学都市環境デザイン学領域　澤本研究室ウェブサイト内「環境デザインについての考え方」を参考にしました (http://see.eng.osaka-u.ac.jp/seeud/research.php#p2)。

表6-1 City planning の NT（狭義の主題）

Aerial photography in city planning	都市計画における航空写真
Central business districts	中心ビジネス区域
Classification -- Books -- City planning	分類法 -- 図書 -- 都市計画
Cluster housing	クラスター住宅
Collective memory and city planning	集合的記憶と都市計画
Communication in city planning	都市計画におけるコミュニケーション
Community development, Urban	コミュニティ開発，都市における
Flood damage prevention	水害対策
Housing	住宅
Housing policy	住宅政策
Land subdivision	土地の区割り
Megastructures	巨大建造物
Motion pictures in city planning	都市計画における映画
Neighborhood planning	近隣住区計画
Planned communities	計画的コミュニティ
Planned unit developments	計画的一体開発
Space (Architecture)	空間（建築）
Store location	商店立地
Suburbs	郊外
Sustainable urban development	サスティナブル都市開発
Symbolism in city planning	都市計画におけるシンボル
Tourism and city planning	観光と都市計画
Urban beautification	都市美化
Urban transportation	都市交通
Volunteer workers in city planning	都市計画におけるボランティア作業者
Women and city planning	女性と都市計画
Zoning	地域制

(2) ファセットの決定

次に表6-1の情報について似たもの同士をまとめます。

一例として、**表6-2**のようにまとめて特徴の総称を決めました。これをファセットの名称とします。まとめ方は一つだけとは限りませんから、読者のみなさんは違うまとめ方をするかもしれません。

表6-2 City planning NT のファセット

ファセット	名称
A	地域
B	構成要素
C	住宅
D	方法, 手法
E	レファレンスツール
F	政策
G	他分野との接点

都市計画の狭義の主題のファセットと、その内容の説明は次のとおりです。

A 特別な地域に限定した都市計画を対象としたもの
B 都市計画を構成するマクロ的要素
C 住宅を対象としているもの
D 都市計画の方法や手法に関するもの
E 都市計画に関するレファレンスツール
F 都市計画に関連する法律
G 都市計画に関連した他分野との接点を対象としたもの

（3）側面をファセットにまとめる

上記のファセットの内容を**表 6-3** にまとめました。

（4）さらに側面を集める

同じように，City planning のトピカル件名細目（形式件名細目を除く）と熟語形の標目を**表 6-4** と**表 6-5** にまとめました。その方法を説明します。

①『LC Online Catalog』のトップページ[10]にアクセスします。

②画面右上にある「Browse」のリンクをクリックし，検索窓のプルダウンから「SUBJECTS beginning with」を選び「"City planning"」とダブルクォーテーションマークでくくり，入力します。

③"City planning" で始まる LCSH 件名が表示されます。件名細目が伴うものや熟語形標目は，アルファベット順に表示されます。

④この情報資源の簡略リストを見る際の注意ですが，LC では LCSH 以外の統制語彙，たとえば，MeSH や FAST（Faceted Application of Subject Terminology）などが付与されているものもヒットします。そのため「Library of Congress Subject Headings」と明示されたものだけを選ぶようにします。

⑤なお，トピカル件名細目と形式件名細目を区別するには，検索結果から詳細レコードを参照して，「MARC Tags」とついたタブを表示させて確認します。$x がトピカル件名細目，$v が

---

10 "Library of Congress Online Catalog." Library of Congress. http://catalog.loc.gov/.

表6-3 都市計画の狭義の主題のファセットとその内容

A 地域	
Central business districts	中心ビジネス区域
Planned communities	計画的コミュニティ
Suburbs	郊外
Community development, Urban	コミュニティ開発，都市における

B 構成要素	
Megastructures	巨大建造物
Neighborhood planning	近隣住区計画
Space (Architecture)	空間（建築）
Store location	商店立地
Urban transportation	都市交通

C 住宅	
Cluster housing	クラスター住宅
Housing	住宅

D 方法，手法	
Aerial photography in city planning	都市計画における航空写真
Collective memory and city planning	集合的記憶と都市計画
Communication in city planning	都市計画におけるコミュニケーション
Flood damage prevention	水害対策
Land subdivision	土地区割り
Planned unit developments	計画的一体開発
Sustainable urban development	サスティナブル都市開発
Urban beautification	都市美化
Zoning	地域制

E レファレンスツール	
Classification -- Books -- City planning	分類法 -- 図書 -- 都市計画

F 政策	
Housing policy	住宅政策

G 他分野との接点	
Motion pictures in city planning	都市計画における映画
Tourism and city planning	観光と都市計画
Volunteer workers in city planning	都市計画におけるボランティア作業者
Women and city planning	女性と都市計画

1 主題の分析作業の実際 | *101*

表 6-4 City planning の件名細目

件名細目	日本語訳
Awards	賞
Citizen participation	市民参画
Climate factors	天候要素
Computer programs	コンピュータプログラム
Data processing	データ処理
Environmental aspects	環境的側面
European influences	ヨーロッパの影響
French influences	フランスの影響
Health aspects	健康の側面
Mathematical models	数理モデル
Methodology	方法論
Philosophy	哲学
Political aspects	政治的側面
Psychological aspects	心理的側面
Religious aspects	宗教的側面
Research	研究
Sanitation	衛生
Simulation games	シミュレーションゲーム
Simulation methods	シミュレーション法
Social aspects	社会的側面
Software	ソフトウェア
Standards	標準
Statistical methods	統計法
Study and teaching	学習と指導法
Study and teaching (Internship)	学習と指導(インターンシップ)
Technological innovations	技術的イノベーション
Vocational guidance	就職ガイダンス
Zone system	区画システム

表 6-5 City planning の熟語形の標目

Aerial photography in city planning	都市計画における航空写真
City planning and redevelopmental law	都市計画と再開発法
City planning and tourism	都市計画と観光
City planning in art	芸術における都市計画
City planning libraries	都市計画図書館
Collective memory and city planning	集合的記憶と都市計画
Communication in city planning	都市計画におけるコミュニケーション
Information storage and retrieval systems -- City planning	情報蓄積と検索システム -- 都市計画
Motion pictures in city planning	都市計画における映画
Symbolism in city planning	都市計画におけるシンボリズム
Women and city planning	都市計画と女性

表 6-6 トピカル件名細目と熟語形標目のファセット

A	手法	E	法律
B	デジタル技術	F	教育
C	デザイン	G	他分野との接点
D	検討要素	H	その他

> A 都市計画で応用される各種の手法
> B 「A 手法」よりハイテクな技術
> C 都市計画のデザインに影響を及ぼした要素
> D 都市計画を進めていく中で対象となる各種の検討要素
> E 都市計画に不可欠な法規等
> F 都市計画に関する教育，指導法に関するもの
> G 都市計画と他分野との接点をあつかったもの
> H 上記以外の種々の内容

形式件名細目の印です[11]。これらタグを見分けることによって，City planning をトピックとしての切り口（側面）に限定して把握できるのです。

City planning の件名細目と熟語形標目は，都市計画という主題の側面，あるいは他分野との接点を表現したものが多く含まれます。そこで，両方を合わせて共通する特徴が何かを分析します。一例として，**表 6-6** のようなファセットを考えました。

各ファセットとその内容は**表 6-7** のとおりです。

表 6-7　City planning の件名細目と熟語形標目のファセットと内容

件名細目・熟語形	日本語訳
A　手法	
Citizen participation	市民参画
Methodology	方法論
Statistical methods	統計法
Aerial photography in city planning	都市計画における航空写真
Communication in city planning	都市計画におけるコミュニケーション
Motion pictures in city planning	都市計画における映画
B　デジタル技術	
Computer programs	コンピュータプログラム
Data processing	データ処理
Mathematical models	数理モデル
Software	ソフトウェア
Technological innovations	技術的イノベーション
Simulation games	シミュレーションゲーム
Simulation methods	シミュレーション法
Zone system	区画システム

11　MARC21 の $x や $v などのタグは「サブフィールド・デリミタ（Subfield delimiter）」と呼ばれている。

件名細目・熟語形	日本語訳
C　デザイン	
European influences	ヨーロッパの影響
French influences	フランスの影響
D　検討要素	
Climate factors	天候要素
Environmental aspects	環境的側面
Health aspects	健康的側面
Political aspects	政治的側面
Psychological aspects	心理的側面
Religious aspects	宗教的側面
Sanitation	衛生
Social aspects	社会的側面
Collective memory and city planning	集団的記憶と都市計画
Symbolism in city planning	都市計画におけるシンボリズム
Women and city planning	都市計画と女性
E　法律	
City planning and redevelopmental law	都市計画と再開発法
Standards	標準
F　教育	
Study and teaching	学習と指導法
Study and teaching (Internship)	学習と指導（インターンシップ）
G　他分野との接点	
Vocational guidance	就職ガイダンス
City planning in art	芸術における都市計画
City planning and tourism	都市計画と観光
H　その他	
Philosophy	哲学
City planning libraries	都市計画図書館
Awards	賞
Information storage and retrieval systems -- City planning	情報蓄積と検索システム -- 都市計画
Research	研究

表 6-7 から都市計画の側面は多様で，その対象がハード面よりもソフト面の要素を数多くもつことがわかります。一方，定義によれば環境デザインもハード，ソフトの両面を取り扱う主題です。ここまでが主題の分析です。

2　シラバスの分析

都市環境デザインに深く関係する「都市計画」と「環境デザイン」の分析を踏まえて，シラバスの分析を行います。主題自体にどのような広がりがあり，どのような特徴的な側面があるのか等を事前につかむことによって，シラバス自体も客観的に分析できます。

ここでも LCSH を活用して，愛知淑徳大学の「都市環境デザイン概論」と「都市環境デザイン研修」の二つのシラバスの内容を分析します。

具体的には，一回の講義の内容を LCSH で表現します。そして前項で分析した都市環境デザインの概念に照らし合わせれば，内容に何が含まれているのかを確認できます[12]。

2.1　「都市環境デザイン概論」の分析

第 1 回　講義の進め方と概要／日本の建築教育の歩み

① Architecture -- Study and teaching -- Japan

第 2 回　メディアとしての建築〜その意味と象徴性〜

① Communication in architectural design

② Symbolism in architecture

12　2014 年度授業概要（シラバス）を参考にした。

第3回　歴史的遺産の保存と再生

　① Historic buildings -- Conservation and restoration

第4回　ヨーロッパの建築とまちづくり

　① Architecture, European

　② Architecture -- Europe

　③ City planning -- Europe

第5回　日本の建築とまちづくり

　① Architecture, Japanese

　② Architecture -- Japan

　③ City planning -- Japan

第6回　建築における構造の役割　その1

　① Structural design

第7回　建築における構造の役割　その2

　① Structural engineering

第8回　優れた建築がもつべき構造特性

　① Structural optimization

第9回　快適な居住環境と省エネルギー　その1

　① Architecture, Domestic -- Environmental aspects

　② Architecture, Domestic

　③ Energy conservation

第10回　快適な居住環境と省エネルギー　その2

　① Architecture, Domestic -- Environmental aspects

　② Architecture, Domestic

　③ Energy conservation

第11回　歴史から見たインテリア空間

　① Living room furniture

② Living rooms

③ Sitting rooms[13]

④ Sitting customs（地理細目可）

⑤ Chairs

第 13 回　建築空間論入門

① Space（Architecture）

第 14 回　都市とは何か？都市の成立と都市問題

① Cities and towns

② Urban policy（UF Urban problems）

第 15 回　人口減少期に入った日本の都市づくり

① City planning -- Japan

② Urban policy -- Japan

③ Urban density -- Japan

④ Population decrease[14]

2.2　「都市環境デザイン研修 I a」の分析

第 1 回　演習の概要と紹介　「場所」としての建築

① Place（Philosophy）in architecture

第 2 回　建築の空間を定義づける基本的な要素

① Architecture -- Composition, proportion, etc.

第 3 回　建築的な空間のプリミティブなありかた

① Architecture, Primitive

② Space（Architecture）

13　Living room の参照形。的確な LCSH がないためキーワードで表現。
14　適切な LCSH がない場合にはキーワードを使用。

第4回　視覚的なあり方としての建築　幾何学

① Geometry in architecture

第5回　記号的なあり方としての建築　記号論

① Semiotics and architecture

② Symbolism in architecture

第6回　メディアとしての建築　様々な表現方法

① Communication in architecture

② Communication in architectural design

第7回　大文字の建築[15]（Architecture）と小文字の建築（architecture）

① Edifices[16]

② Cathedrals

③ Castles

④ Architecture, Medieval

⑤ Architecture, Domestic

⑥ Commercial buildings

第8回　現代アートと建築

① Art and architecture

第9回　パブリックアートと建築

① Public art＊② Architecture[17]

15　大文字のArchitectureは，大聖堂や城のような中世のころに建設された大規模な建築を対象としており，小文字のarchitectureは，住宅や民家など建築物としての価値がそれまでは認識されていなかったものが対象となる（垂井洋蔵教授による補足）。

16　EdificesはBuildingsの参照形だか，意味としては，大規模な建築物で，たとえば，大聖堂，宮殿など。

第 10 回　文学の中の建築表現

　① Architecture in literature

第 11 回　ケーススタディー 1　中央アジアのテント住居

　① Yurts -- Asia, Central

第 12 回　ケーススタディー 2　R.Venturi「母の家」

　① Venturi, Robert

　② Vanna Venturi House (Philadelphia, Pa.)

第 13 回　ケーススタディー 3　P.Zumthor「セントヴェネディクト教会」

　① Zumthor, Peter

　② Saint Benedict Chapel

　③ Church architecture -- Switzerland -- Somvix

第 14 回　ケーススタディー 4　妹島和代「21 世紀美術館」

　① Kanazawa 21-seiki Bijutsukan

第 15 回　まとめ

2.3　分析からわかること

シラバスを分析すると，講義に付与した LCSH には「Architecture」ということばが頻繁に出現しています。LCSH では建築に関係する標目は，大きく三つに分かれます。

　①様式・デザインに関係するもの　→　Architecture
　②建設の工程に関わるもの　→　Building

17　＊は① Public art と② Architecture をかけあわせて表現するという意味です。

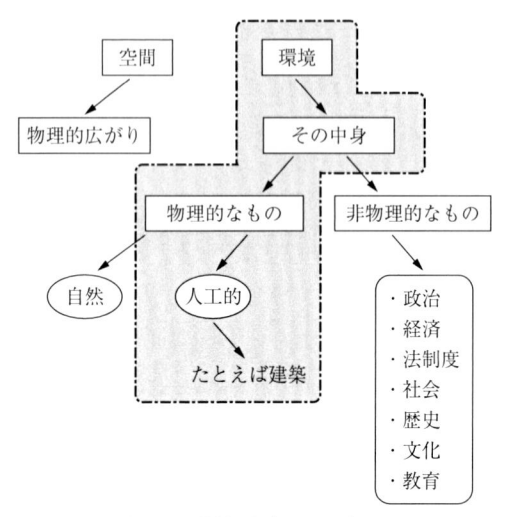

図 6-3　環境デザイン　その 2

③構造物や大建造物について一般的にとりあげているもの
　　→　Buildings

　このことから一般的な「都市環境デザイン」と比較すると，講義は建築に特化した内容であることと，さらに建築のデザイン性に焦点を合わせた内容であることが確認できます。図 6-2 で表現すると，破線で囲った環境の中の，物理的で，かつ人工的な建築に関することを中心としたカリキュラムであることが確認できます。
　つまり，**図 6-3** の破線に入るものを中心に，愛知淑徳大学での「都市環境デザイン」のカリキュラムが組まれおり，非物理的な側面として法制度，歴史，文化，教育などの接点についてもとりあげられていることがわかりました。

第 II 部
主題分析の応用

第7章
情報の収集

1 検索方法 基本編
2 検索方法 上級編

112 | 第Ⅱ部　第7章　情報の収集

　大学で作成するパスファインダーは，主題の分析とそれに照らし合わせたカリキュラムの内容を表すシラバスの分析がポイントです。こうした分析は，主題に適切なだけではなく，カリキュラムに合ったパスファインダーの作成には必要不可欠です。そしてこの作業ができていると，効率良く情報資源を集めるときに非常に有効かつ適切な情報（情報の塊）を得たことになります。

　有効な情報のひとつがカリキュラムの内容に見合った統制語彙（ここではLCSH）です。LCSHを活用して，情報資源，またはデータベースの検索を行います。

　現在ほとんどの図書館でOPACがあります。ここでは，OPACの例としてOCLCのWorldCat.orgを取り上げます[1]。

1　検索方法　基本編

「都市環境デザイン研修Ⅰa」の分析で把握したLCSHを使用して検索します。

①WorldCat.orgにアクセスします。
②画面中央左の「詳細検索」のリンクをクリックします。
③検索語の種類を指定するプルダウンから「件名：」を選びます。

---

1 WorldCat.orgは，2014年7月現在，20億を超える所蔵レコードをも保有する世界最大の書誌データ・メタデータ・データベースのWorldCatが検索対象です。従来の図書や雑誌のみならず，電子情報資源を含む多様な形態の情報資源も対象です。日本の国立国会図書館も書誌レコードをWorldCatへ登録しているので，日本語の情報資源も多数ヒットします（http://www.worldcat.org/）。

④検索語を入力します。

　件名は，完全一致検索にするために""（ダブルクオーテーションマーク）でくくります。

　例："Space（Architecture）"で5,335件情報資源がヒットします。

⑥左フレームの「言語」のファセットから「さらに表示」をクリックして「日本語」を選ぶと，情報資源は172件です。

⑦さらに左フレームの「フォーマット」の項目を見ると，書籍が4,884件，電子書籍が589件，記事／論文が196件，ジャーナル・雑誌は46件あります。

上記の方法でシラバスの内容に一致する情報資源を検索した結果[2]を，1.1に示します[3]。

1.1　WorldCat.org 検索結果

1　演習の概要と紹介　「場所」としての建築

　　① Place（Philosophy）in architecture　　　　130件

　　　日本語／英語のヒット数　　　　　　　　　0/106件

2　建築の空間を定義づける基本的な要素

　　① Architecture -- Composition, proportion, etc

　　　　　　　　　　　　　　　　　　　　　　　127件

　　　日本語／英語のヒット数　　　　　　　　　0/41件

2　検索結果には多言語，多様な形式（形態，フォーマット）の情報資源が含まれるので，画面左側にある「言語」ファセットや「フォーマット」ファセットなどを利用して絞り込むことができます。

3　2015年10月7日検索。

3　建築的な空間のプリミティブなありかた
　　① Architecture, Primitive　　　　　　　　　　192 件
　　　日本語／英語のヒット数　　　　　　　　　2/102 件
　　② Space（Architecture）　　　　　　　　　　5697 件
　　　日本語／英語のヒット数　　　　　　　172/3195 件
　　③①＆②　　　　　　　　　　　　　　　　　　2 件
　　　日本語／英語のヒット数　　　　　　　　　　0/1 件
4　視覚的なありかたとしての建築　幾何学
　　① Geometry in architecture　　　　　　　　　249 件
　　　日本語／英語のヒット数　　　　　　　　　2/139 件
5　記号的なありかたとしての建築　記号論
　　① Semiotics and architecture　　　　　　　　 26 件
　　　日本語／英語のヒット数　　　　　　　　　　0/8 件
　　② Symbolism in architecture　　　　　　　　1412 件
　　　日本語／英語のヒット数　　　　　　　　　6/823 件
　　③①＆②　　　　　　　　　　　　　　　　　　5 件
　　　日本語／英語のヒット数　　　　　　　　　　0/1 件
6　メディアとしての建築　様々な表現方法
　　① Communication in architecture　　　　　　129 件
　　　日本語／英語のヒット数　　　　　　　　　 0/86 件
　　② Communication in architectural design　　 497 件
　　　日本語／英語のヒット数　　　　　　　　　2/361 件
　　③①＆②　　　　　　　　　　　　　　　　　　6 件
　　　日本語／英語のヒット数　　　　　　　　　　0/3 件
7　大文字の建築（Architecture）と小文字の建築（architecture）

① Edifices[4] 2884 件
　日本語／英語のヒット数 6/948 件
② Cathedrals 18075 件
　日本語／英語のヒット数 5/7418 件
③ Castles 25681 件
　日本語／英語のヒット数 1042/9144 件
④ Architecture, Medieval 5815 件
　日本語／英語のヒット数 10/1957 件
⑤ Architecture, Domestic 76015 件
　日本語／英語のヒット数 1426/43405 件
⑥ Commercial buildings 25766 件
　日本語／英語のヒット数 60/16715 件

8　現代アートと建築
① Art and architecture 15624 件
　日本語／英語のヒット数 8/6645 件

9　パブリックアートと建築
① Public art＊②Architecture 665 件
　日本語／英語のヒット数 2/344 件

10　文学の中の建築表現
① Architecture in literature 405 件
　日本語／英語のヒット数 8/204 件

11　中央アジアのテント住居
① Yurts 139 件
　日本語／英語のヒット数 0/80 件

4　Buildings の参照形。

②Asia, Central　　　　　　　　　　　　　25692 件
　　日本語／英語のヒット数　　　　　　　461/9331 件
③①&②　　　　　　　　　　　　　　　　　　9 件
　　日本語／英語のヒット数　　　　　　　　　0/1 件

12　R.Venturi「母の家」
①Venturi, Robert　　　　　　　　　　　　　404 件
　　日本語／英語のヒット数　　　　　　　　8/182 件
②Vanna Venturi House（Philadelphia, Pa.）　 20 件
　　日本語／英語のヒット数　　　　　　　　 1/17 件
③①&②　　　　　　　　　　　　　　　　　 11 件
　　日本語／英語のヒット数　　　　　　　　　1/8 件

13　P.Zumthor「セントベネディクト教会」
①Zumthor, Peter　　　　　　　　　　　　　438 件
　　日本語／英語のヒット数　　　　　　　　3/112 件
②Saint Benedict Chapel[5]　　　　　　　　　　5 件
　　日本語／英語のヒット数　　　　　　　　　0/2 件
③Church architecture -- Switzerland -- Somvix
　　　　　　　　　　　　　　　　　　　　　　1 件
　　日本語／英語のヒット数　　　　　　　　　0/0 件

14　妹島和代「21 世紀美術館」
　　Kanazawa21-seiki Bijutsukan　　　　　　　20 件
　　日本語／英語のヒット数　　　　　　　　 13/6 件

5　件名ではノーヒットだったので，キーワードで検索。

2 検索方法 上級編

　基本編と同じですが，都市環境デザインに関連するその他の概念との組み合わせで，求める主題に的確にピンポイントで検索できるプロセスを紹介します。

①　WorldCat.org http://www.worldcat.org/ にアクセスします。
②画面中央左の「詳細検索」のリンクをクリックします。
③検索語の種類を指定するプルダウンから「件名：」を選びます。
④複数の件名を掛け合わせて検索する場合は，別々の検索窓に
　「件名：」を指定しそれぞれ入力します。

1 例　件名がある場合

　「都市美化における建築の空間」について検索する場合，「件名：」と指定した検索窓に「Space（Architecture），空間（建築）」同じく二つ目の検索窓には「Urban beautification，都市美化」を入力し，検索すると，23件の情報資源がヒットします。画面左側のフレームの「言語」の欄から，このうち日本語の情報資源は2件，英語の情報資源は13件あるとわかります[6]。

2 例　件名がない場合

　LCSHで表現できていない概念，すなわち件名に出てこない概念は，上記の要領でキーワードを指定して検索することもできます。

6　2015年10月現在。

しかし少なくとも検索項目のうち一つをLCSHから選ぶことができきれば，より適合性の高い情報資源をヒットさせることができます。

③例　固有名の場合

　LCSHは，固人名，団体名，建物名などの固有名称も件名になりえます。たとえば「セントベネディクト教会（Saint Benedict Chapel）」や，その設計者の「ピーター・ズントー（Peter Zumthor）」，「ヴェンチュリの母の家（Vanna Venturi House (Philadelphia, Pa.)」やその設計者の「ロバート・ヴェンチュリ（Robert Venturi）」がそうです。

　ズントーについて調べたい場合には，検索を「件名：」指定して検索しますが，ズントーの「作品」を検索したい場合には検索のプルダウンから「著者：」を指定して検索します。すなわち以下のような違いがあります。

①ズントー自身についての情報資源を探している場合
②ズントーが知的・芸術的創作者となっている（ズントーが作者である）作品，あるいは情報資源を探している場合
③ズントーが創作した作品，あるいは情報資源について

　③であれば，その作品または情報資源の名称が「件名標目」となるため，その場合は「件名：」をプルダウンから選んで検索します。この場合，件名標目は「作者名」+「作品名」という形です。誰が創作したどういう名称の作品かを確実に表現することで，ピンポイントの検索が可能です。

以上のように検索する対象を的確に選んで，効率よく情報資源を選ぶコツを覚えることもパスファインダー作成に不可欠なスキルです。

第 II 部
主題分析の応用

第8章
情報資源の主題分析

1 情報資源の種類
2 分析の方法

パスファインダー掲載に適切なものを選ぶために，収集した情報資源を分析します。このプロセスにおいても，主題の分析で得た知識が役に立ちます。ただし，分析は，あくまでも個々の情報資源に応じて行われます。

1　情報資源の種類

パスファインダーに掲載する情報資源は，大きく二つのグループに分けることができます。

①図書，事実解説的なレファレンスブックスなどで，必要とする情報そのものを求めることができる情報資源です[1]。たとえばマーケティングなら，「マーケティングとは何か」についての説明や概要が掲載されている情報資源があてはまります。
②データベース，OPAC，案内指示的なレファレンスブックスなどで，情報ないし情報源への案内（ガイド）を主なはたらきとしているもの[2]です。二次資料とも呼ばれます。

---
1 長澤雅男，石黒祐子. 情報源としてのレファレンスブックス. 新版. 東京：日本図書館協会. 2004. p. 6.
2 長澤雅男，石黒祐子. 情報源としてのレファレンスブックス. 新版. 東京：日本図書館協会. 2004. p.11.

2 分析の方法

2.1 図書・事実解説的なレファレンスブックスの分析方法

①まえがきやあとがき，著者の狙い，または図書の内容について書かれている部分に注目して読み，確認します。

②目次を確認します。いずれの場合も，全体を通してかいつまんで読みます。たとえば，辞典などの場合は主題のファセット[3]に属す概念や内容などが取り上げられているかどうかなどをチェックします。事典などの多くは五十音順，アルファベット順で項目が並べられて，目次がないものも多くあります。

③各章の見出し，小見出しなどは，どのような内容を取り上げているのかを知る参考になります。

①と②または③のチェックだけではパスファインダーに掲載するかどうかに悩む場合には，索引があれば索引で主題に重要なキーワードを発見できるか調べます。

こうしたプロセスを通して，情報資源が主題のどのファセット，または，ファセットに含まれるどの概念や内容を取り上げたかをつかむことができるはずです。

主題に特化した部分が，特定の章や，特定の範囲に集中している場合には，そのページも記録します。

---

3 第5章「3 ファセットの決定」を参照。

2.2 データベース・OPAC・案内指示的なレファレンスブックなどの分析方法

データベース・OPAC・案内指示的なレファレンスブックなどの分析では、パスファインダーの主題やファセットに含まれる概念や内容に関する情報資源を探索する方法を調査します。つまり、効率よく検索するための方法などの特徴をつかむ作業です。

①主題に合った情報資源を探索するとき、どのようなキーワードまたは統制語彙を使用すると効果的か？
②効率よく結果を出すための検索方法や、ウラワザなどもあれば、把握します。たとえば、統制語彙を使用する場合など、完全一致で検索させるための方法[4]が存在するか、といったことです。
③案内指示的なレファレンスブックについては、まえがき・あとがきと目次をチェックし、収録されている主題と、さらにその主題のどのファセットが対象となっているかを見極め、それらを検索するときに利用できる索引等も把握します。

2.3 雑誌の分析方法

主題によっては、雑誌は貴重な情報源です。新しいことがらの主題が対象であれば、図書が出版されていなかったり、事典に用語が収録されていないことも珍しくないからです。医学や現実の社会の動向などに関連する主題では、最新の情報が重要であることも少なくありません。分野によっては新聞なども重要な情報資源のタイプ

---

4 ""（ダブル・クォーテーションマーク）でくくるなど。

といえるでしょう。

　なかには古い文献が重要な場合も多く存在します。電子ジャーナルなどが増え，一次情報をパソコンで読むことができる環境が整っていれば，雑誌は有効かつ大変便利な情報資源です。雑誌を情報資源として別立てにしてパスファインダーで紹介した方が，使いやすい場合があります[5]。

　雑誌には，以下の特徴があります。

①必要な情報そのものが得られる情報資源として紹介するケースが多い。
②情報ないし情報源への案内（ガイド）を主なはたらきとしているものもある。

　②は，新しい分野における雑誌論文で，引用文献等が専門書誌として「案内指示的なレファレンスブックス」の役割を担う場合です。あるいは雑誌の掲載論文を検索するしくみを組み合わせることで，選択した雑誌全体が主題に特化した「文献データベース」のように活用できることも重要な点です。

　雑誌を分析するときには，二つのアプローチがあります。

①タイトル全体に対するアプローチ
②巻／号／特集に対するアプローチ

　タイトルに対するアプローチでは，その雑誌は全体としてどのよ

5　山口純代. 2011 年度愛知淑徳大学図書館　図書館実習講義内容から。

うな主題とどの側面が多く取り上げられているのかを分析します。主題にもよりますが最新の情報が重視される分野であれば，過去5年分ほどを分析するのが妥当でしょう。そうでなければ，かなり古い巻号から見る必要があるかもしれません。

　国立国会図書館の雑誌記事索引などに収録されている雑誌であれば，主要な概念や用語をキーワードで検索し，どのような論文が多く掲載されているかを把握することが可能です。実際に所蔵している雑誌を手にとって分析する場合は，各号の目次等をざっと見る，または，各論で示されるキーワード等から類推できるでしょう。

　特集号など特定の巻や号を対象に分析する場合は，図書と同じです。巻号全体に主題とどのファセットに関する情報が主に掲載されているのかを分析します。

　次に紹介の方法です。その雑誌が主題を網羅的に取り上げている場合には，単にその雑誌を紹介しますが，その際は，論文や記事をどう検索するのかがポイントですから，検索手順に関する情報，すなわち，どのデータベースを使ってどのように検索すればよいのかということを把握しておくことが重要です。

　ただし情報集めのセクションで有用なデータベース等を紹介する場合には，検索の詳細をそちらへ参照させる方法もあります。

　重要なことは，図書館利用者にとって，どういった紹介のしかたが便利なのか，という点に集約されます。

2.4　ウェブ情報資源の分析

　ウェブ情報資源にも，事実解説的なものと案内指示的な性質のものがあります。そして内容に応じて，パスファインダーの適切な位置に掲載することが理想です。ウェブ情報資源も，情報資源の種類

表 8-1　ウェブ情報資源の選択基準[6]

ウェブ情報資源の選択基準[7]
・作成者／機関の名前が明確に示されているか（1）
・作成者／機関の連絡先が，明確に示されているか（2）
・作成者／機関が，信頼できる機関に所属しているか，信頼できる機関そのものであることが，明確に示されているか（3）
・掲載内容のテーマが，明確に示されているか（8）
・最終更新日が明確に示されているか（12）
・掲載内容の更新頻度が，明確に示されているか（13）

に適切な主題分析を応用します。

　忘れてならないのは，フリーアクセスのウェブ情報資源の選択基準として最低注意すべき六つのポイントです。

　これらは，ウェブ上に掲載されている情報の信頼性をはかるためのチェックリストです。

6　鷲見克典．"Web サイト評価インベントリー Website Evaluation Inventory WEI：調べる Web サイトの評定尺度"．http://sumi.web.nitech.ac.jp/WEI/WEI.html．（参照 2015-12-04）．

7　六つのポイントは，鷲見克典・四谷あさみ両氏により開発された「ウェブサイトを，利用者自身が評価する際に利用できる尺度 WEI（Website Evaluation Inventory）」を参考にしています（鷲見克典，四谷あさみ．調べるためのウェブサイト評価：インターネット時代の情報リテラシー．名古屋市：三恵社，2007．144p．）。
WEI には 20 のチェック項目（尺度）が設けられている。詳しくは，ウェブで公開されている WEI のサイトへアクセスしてください（http://sumi.web.nitech.ac.jp/WEI/WEI.html）。開発に至る研究等の詳細については，上述の鷲見克典，四谷あさみ著『調べるためのウェブサイト評価：インターネット時代の情報リテラシー』を参照ください。

第Ⅲ部
進化する主題検索ツール

第9章 ディスカバリーサービスとパスファインダー

1 ディスカバリーサービスとは?
2 ディスカバリーサービスとパスファインダーの共通項
3 利用者が求める情報とは何か?
4 良質のメタデータは検索を支えるインフラ
5 リンク・オープン・データに見る検索ツールの可能性
6 リンクされた情報を検索する
7 典拠情報は主題アクセスツールに不可欠なハブ

パスファインダーの機能を進化させたサービスとして、ディスカバリーサービスの可能性を考えます。

パスファインダーは、欲しい主題の情報をピンポイントで集める手段を具体的に提供して、道案内するツールです。この章ではパスファインダーと類似する機能をもつディスカバリーサービスというツールを紹介し、2020年代の検索について考えます。

1 ディスカバリーサービスとは？

ディスカバリーサービスは、2011年頃から日本でも紹介されるようになった情報検索のサービスです。図書館の蔵書とともに、電子ジャーナルや機関リポジトリの論文など、インターネット上の情報資源をも一括で検索するしくみを備えています。従来のOPACと違って、検索対象が一図書館の蔵書や複数の図書館目録の横断検索に留まらない、という点から「次世代OPAC」と呼ばれることがあります。

ディスカバリーサービスは、次のように定義されることが一般的です。

> 従来の蔵書検索に加え、電子ジャーナル、電子書籍、雑誌記事、辞典など、図書館が提供するあらゆるコンテンツを一度に探し出すことができるほか、簡易検索窓、ファセット（絞り込み）検索、キーワードサジェスト、表紙画像や目次情報の表示など、情報探索に不慣れなユーザーでも操作が容易になる画面デザインや検索機能を備えている。[1]

検索対象は，図書館が契約したデータベースの中身にまで及びます。そして重要な特徴として，これらすべての検索を一つの検索窓を介してできると銘打っています[2]。ディスカバリーサービスをウェブ全体にまで広げるという意味の「ウェブスケール・ディスカバリーサービス」として提供しているベンダーは，検索対象となる情報やそのメタデータをナレッジベースとして保持しています。これは横断検索[3]とは異なるしくみです。検索対象がナレッジベースという一つのデータベースに索引化（メタデータ化）されて，管理されることで迅速な検索が可能です。

具体的にどのような情報がナレッジベースに含まれるかは，ベンダーによって異なります。国内には「OCLC の WorldCat Local, ProQuest 社の Summon，EBSCO 社の EBSCO Discovery Service, Ex Libris 社の Primo Central という，通称 BIG4 とよばれる，海外ベンダーによる代表的製品が存在」[4]しています。

たとえば「WorldCat Discovery Services（旧・WorldCat Local)」は世界最大のナレッジベース[5]を保有するディスカバリーサービスといわれますが，そのナレッジベースには『WorldCat』[6]を

1　原聡子，片岡真．"ディスカバリーサービス"．図書館雑誌．Vol.108, No.3, 2014. p.185-187.
2　ただし実際には，図書館側が契約しているものでも，ディスカバリーサービスの提供側に契約がなければ，例外となります。
3　横断検索とは「複数のデータベースを対象として，同一の検索を同時に実行すること」（日本図書館情報学会．用語辞典編集委員会編．図書館情報学用語辞典．第 4 版．東京：丸善，2013. p.21.）。
4　飯野勝則．"ウェブスケールディスカバリと日本語コンテンツをめぐる諸課題"．カレントアウェアネス．No. 319（2014. 9），https://current.ndl.go.jp/CA1827,（参照 2021-01-04）.
5　2015 年 4 月現在。

はじめ,『MEDLINE』『ERIC』『OAIster』や,Wilson, EBSCO, Proquest など海外大手のデータベースの情報などのほか,『JapanKnowledge（ネットアドバンス）』『雑誌記事索引（国立国会図書館)』といった日本の情報も含まれます。

2　ディスカバリーサービスとパスファインダーの共通項

　ディスカバリーサービスでは,利用者の検索行動を導く,あるいは検索のプロセスをスムーズにこなせるように,画面や機能を設定します。たとえば,検索結果の一覧画面で,すぐ入手／閲覧できる一次情報資源がリストの上位にくるように表示順を決めたり,検索結果を絞り込む手立てをわかりやすく配置するなどです。これはパスファインダーの構成やレイアウトを工夫することと同じです。

　そして質の高いメタデータの有無は,パスファインダーだけではなく,ディスカバリーサービスの善し悪しを左右する重要な条件となります。

　メタデータの質の善し悪しは,情報資源を厳密に識別できるか,という点で判断できます。検索の対象となる特定の個人や団体,取り扱われている内容（主題）をピンポイントで表現できているかどうか,すなわち同姓同名者それぞれが区別できることや,内容を示していないタイトルが付いた情報資源について正しい内容で表現されていることです。つまり,検索の適合性を保障する品質が必要で

6　世界中の参加図書館により構築されてきた13億件以上の書誌レコードを保有する書誌データベース。

す。

このときメタデータの値に，国の名称典拠ファイルの情報や，内容を表現する用語にシソーラスや件名標目などの標準的な統制語彙が使用されていれば，理想的です。これは典拠ファイルや統制語彙がオープンデータとしてウェブで公開されるようになった現在では，ごくあたりまえの発想です[7]。

質の高いパスファインダー作成には，検索の絞り込みに有効なファセットを決定する作業が不可欠です。ディスカバリーサービスでも検索結果を絞り込むため，情報資源の言語，出版年，情報の形式などのファセットが設けられています。両者の共通項は，多様な情報資源を対象に，利用者が求める情報へのアクセスを手引きするところです。利用者がこの点を意識することは実際にはあまりないかもしれません。

検索の絞り込みにおいて，質の高いメタデータをフルに活用するしくみをインフラにしたいという点で，ディスカバリーサービスとパスファインダーは共通しています。現状では質の高さやフル活用の部分が不十分であるため，図書館がピンポイントの主題検索を提供するツールとしてパスファインダーを活用する意味が存在するのです。

3　利用者が求める情報とは何か？

ここで改めて，利用者が何を求めるかを整理します。

---

[7] この点は本章「5　リンク・オープン・データに見る検索ツールの可能性」の項で取り上げます。

①何らかの情報の知的・芸術的所産を表現した「作品」:『ロミオとジュリエット』
②ある作品についての多様な表現方法がある場合,特定の表現方法による情報:『ロミオとジュリエット』なら,
　【文字】シェイクスピアによる戯曲の原稿
　【文字】ロミオとジュリエットに関する論文
　【音符】歌曲の楽譜
　【音声】ソプラノ歌手による歌声の録音
　【画像】バレエを描いた絵画
　【動画】ダンスパフォーマンスの録画映像
　【動画】学会での研究発表の録画映像

以上は,「種々の作品の様々に表現されたもの」が,求める情報の対象です。

③作品(や表現された作品)は,メディア(や蓄積された記録媒体)を通じて利用されます。求める何かは,特殊なメディアかもしれません。
④メディアの制作には,「創作者」はじめ,関わりのある「寄与者」「製作者」など[8]が存在します。
　オーストラリアのエアーズロックは自然の造形物ですが,そこを聖地とする「アボリジニー」はエアーズロックの重要な関係者です。つまり,特定の個人,団体,家族,民族,人種などが,

---

8 これらは,特定の個人(徳川家康),団体(徳川美術館),家族(徳川家)などである可能性が高いものです。

利用者が情報を入手したい対象になります。
⑤利用者が求める「何か」についての情報かつ対象となるのは，概念（認知心理学，分類法），物（自動車，地球）や出来事（名古屋女子マラソン，フランス革命），場所（イタリアン・リビエラ，東京）などがあります。

4　良質のメタデータは検索を支えるインフラ

情報を的確に識別して検索するには，質の高いメタデータと，それを活用できるインフラが必須です。

①同姓同名（個人，団体，地名など）の区別ができる。
②複数の名称をもつ単一の実体の表示では，エンドユーザーが一見してわかる。
③主題とその側面を，ピンポイントで示すことができる。
④主題特有のファセットで情報を絞り込んで結果を提示できる。
⑤情報自体の形式（たとえばDVDに記録された画像），芸術におけるジャンルなどの表現方法（たとえばダンス）に絞った検索を可能にする。

理想的なディスカバリーサービスの機能は，情報の媒体や形態を問わず，ピンポイントで検索結果を提示して発見を助けることですが，質の高いメタデータが存在すれば，その機能はさらに充実するでしょう。これを使えば，パスファインダーの作成工程を短くすることにもつながるはずです。

これからの情報検索では，質の高いメタデータを管理して維持で

きる，あるいはそのようなメタデータと連携できることが，重要な意味を持ちます。質の高いメタデータと連携できる具体的な一歩としてリンク・オープン・データ[9]を活用した情報検索ツールに期待がかかります。

5　リンク・オープン・データに見る検索ツールの可能性

「3　利用者が求める情報とは何か」で記した情報の多くは，ウェブで公開されることが多くなってきました。世界中の図書館が蓄積してきた書誌レコードやそこで用いられている典拠レコードの情報が，再利用可能な形式でオープンになり，誰でもウェブで閲覧できます。これら情報にリンクすることによって，機械的な処理も可能になります。図書館のみならず，博物館，公文書館，出版業界などのコミュニティ間で共通に利用できる典拠の情報は，パスファインダーにとってもディスカバリーサービスにとっても検索の基本を支える重要なインフラでもあります。

個人に関する典拠情報であれば，その個人の活動分野や関係する団体や職業，関係の深い場所などの情報も含まれます。団体であれば，所在地や住所，関係するグループや使用言語などの情報も記録されることもあります。家族名の典拠レコードであれば，開祖が誰か，著名なメンバーは誰か，家族に関わる歴史や重要な日付などの

---

[9] Linked Open Data（LOD）のことで「リンクト・オープン・データ」と表記される場合もある。例：国立国会図書館のサイト〈https://www.ndl.go.jp/jp/aboutus/standard/lod.html〉

情報も必要に応じて記録されます。いずれの場合も，何を根拠にして情報が記述されたのか，典拠レコードを作成した際の典拠，すなわち出典となった情報源も明記されます。

こうした情報こそが，知的・芸術的創造に関わった個人，団体や国名など法域名を的確に識別できる役割を果たします。リンクされたメタデータや情報に対して，検索の適合性を確実に高めることを意味します。

たとえば，国内で生産される出版物の書誌情報や個人名・団体名などの固有名の典拠レコードの情報のほとんどは，世界の国立図書館から提供されています。日本では，国立国会図書館によって日本人名，日本の団体名，日本人家族名，統一書名に対する典拠レコードがリンク・オープン・データ（以下 LOD）の形で公開されて，提供されています[10]。また，OCLC では作品に対する事実上の典拠情報[11]を WorldCat の書誌レコードをもとに構築して，WorldCat.org のインターフェイスから一般公開しています[12]。

主題となりうる概念は一種の典拠ファイルである統制語彙等を使用することによって，検索のターゲットを利用者の要求に見合った形で絞り込むことができます。たとえば，LC から提供されている LCSH，国立国会図書館から提供されている NDLSH も主題典拠ファイルの一例です。

---

10 "使う・つなげる：国立国会図書館の Linked Open Data（LOD）とは". 国立国会図書館. http://www.ndl.go.jp/jp/aboutus/standards/lod.html,（参照 2015-12-04）.
11 WorldCat Works と呼ばれている。
12 "Data strategy and linked data：Helping libraries thrive on the web." OCLC. http://www.oclc.org/data.en.html,（access 2015-12-04）.

6　リンクされた情報を検索する

「3　利用者が求める情報とは何か」で分析したように，利用者が求める「特定の知りたい何か」を突き詰めると，特定の個人，特定の団体，特定の場所（地名），特定の知的・芸術的所産[13]，特定の主題が対象となります。そして，これらに関する各種の典拠レコードや典拠情報が LOD として提供されていれば，ディスカバリーサービスやパスファインダーの可能性をもっと進化させることが期待できます。そして LOD は，書誌レコードやメタデータレコードも対象です。

同じ典拠レコードや典拠情報，あるいは書誌レコードやメタデータレコードなどにリンクがある情報資源をたどることによって，有用な関連情報への道筋を提示できるのです。

このようなしくみがあれば，従来のパスファインダーの形（テンプレート）にこだわることなく，特定の知りたい何かへ利用者を的確に導くことが容易になります。

□例　バイオリン

ここまでの説明を踏まえて，第 5 章「2.3　モデル標目の利用」で取り上げた「バイオリン」を例に，LOD を活用した情報検索の将来像を描きます。

ひとことにバイオリンと言っても，楽器のことなのか，バイオリン音楽のことなのか，二つの主題が思い浮かびます。それぞれ主題

13　つまり，何らかの「作品」。

の広がりには大きな違いがあります。楽器としてのバイオリンは，物としての構造や製造方法，整備や修理に関することなどが側面にあります。音楽としてのバイオリン作品は，分析や鑑賞法，歴史と批評，解釈（区切り法，強弱法など）などが側面として考えられます。

　いずれの場合にも関連する個人や団体などの存在を確認できます。

　楽器としてのバイオリンであれば「ストラディバリウス」のような名器なら製作者に関する情報も重要です。さらに，その所有者や演奏者も調べたい対象となることが考えられます。特に，演奏者として関連のある個人または団体は，音楽作品としてのバイオリンにも重要な要素です。作曲家や編曲家なども同様です。

　また，求める情報の形式や内容のジャンルも，利用者にとって重要な情報になると考えられます。特定のバイオリン作品の「楽譜」や「コード・ダイアグラム」が欲しい場合や，「ソナタ」に限定して作品を探したい場合などです。

　以下，具体的な情報要求を例に，LOD を利用したときにありうる検索の実際を描きます。

1 例　ベートーベンのバイオリン音楽

〈情報要求〉

　ベートーベンが作曲したソナタのバイオリン音楽の，ウェブからダウンロードできる楽譜が欲しい。ピアノとバイオリンの二重奏で，できればバイオリンソナタ第 9 番「クロイツェル」[14] が欲しい。

14　バイオリンとピアノのためのソナタ第 9 番イ長調，作品 47 の愛称。

〈情報要求の分析〉

分析した内容を基に，LODを利用した情報検索を図9-1に表しました。

ここでは，LODの形で発信された統制語彙を基本とした各種典拠レコード[19]にリンクが張られた情報資源のみが検索されるように設計されます。つまり，典拠情報にリンクが張られている情報資源

表9-1 情報要求の分析：例1

情報の種類	情報の内容	統制語彙の種類
主題1	バイオリン音楽	LCSH
主題2	クロイツェル	LCNAF[15]
創作者	ベートーベン	VIAF[16]
主題1の形式	ソナタ	LCGFT[17]
情報表現の形式	楽譜；音符	LCGFT；RDAコンテンツ種別
演奏の媒体（楽器変遷）	バイオリンとピアノ	LCSH；LCMPT[18]
情報資源のキャリアの形態	ウェブ情報源	RDAキャリア種別

---

15 LCNAFはLC Name Authority File（LC名称典拠ファイル）の略。
16 VIAFはVirtual International Authority Fileの略。バーチャル国際典拠ファイルのこと（http://viaf.org/）。
17 LCGFTは，LC Genre/Form Termsの略で，LCSHからジャンルや形式を表現する標目を独立した統制語彙として2011年から構築している（http://id.loc.gov/authorities/genreForms.html）。
18 LC Medium of Performance Thesaurus for Music（LC音楽のための演奏の媒体シソーラス）。
19 典拠レコード自体（たとえば固有番号）にリンクを張る場合と，典拠レコードのデータをナレッジベースとしてダウンロードし，クライアント側で保持する場合も考えられる。

に絞って検索が行われます。

　同じことばが別々の統制語彙で使用されている用語については，それらが区別される[20]ことが必須の条件です。

2 例　バイオリンのメンテナンスと修理

〈情報要求〉

　バイオリンのメンテナンスと修理について取り上げている情報資源が欲しい。名器といわれているストラディバリウスに関するものがあれば，なおよい。またテキスト資料だけではなく，できれば画像あるいは映像資料が欲しい。

〈情報要求の分析〉

表9-2　情報要求の分析：例2

情報の種類	情報の内容	統制語彙の種類
主題1	バイオリン	LCSH
主題1の側面	整備と修理	LCSH
主題2	ストラディバリウス	LCSH
創作者	Stradivari, Antonio, approximately 1644-1737	VIAF
情報表現[21]の形式1	テキスト	RDA コンテンツ種別
情報表現の形式2	スチルイメージ	RDA コンテンツ種別
情報表現の形式3	二次元動画	RDA コンテンツ種別
情報資源1のキャリア形態	ビデオディスク	RDA キャリア種別
情報資源2キャリアの形態	図書　機器不要；巻	RDA メディア種別；RDA キャリア種別

20　それぞれユニークな URI が付与されていると仮定。
21　ここでいう「情報表現の形式」とは，情報資源の知的所産としての表現形式を指す。

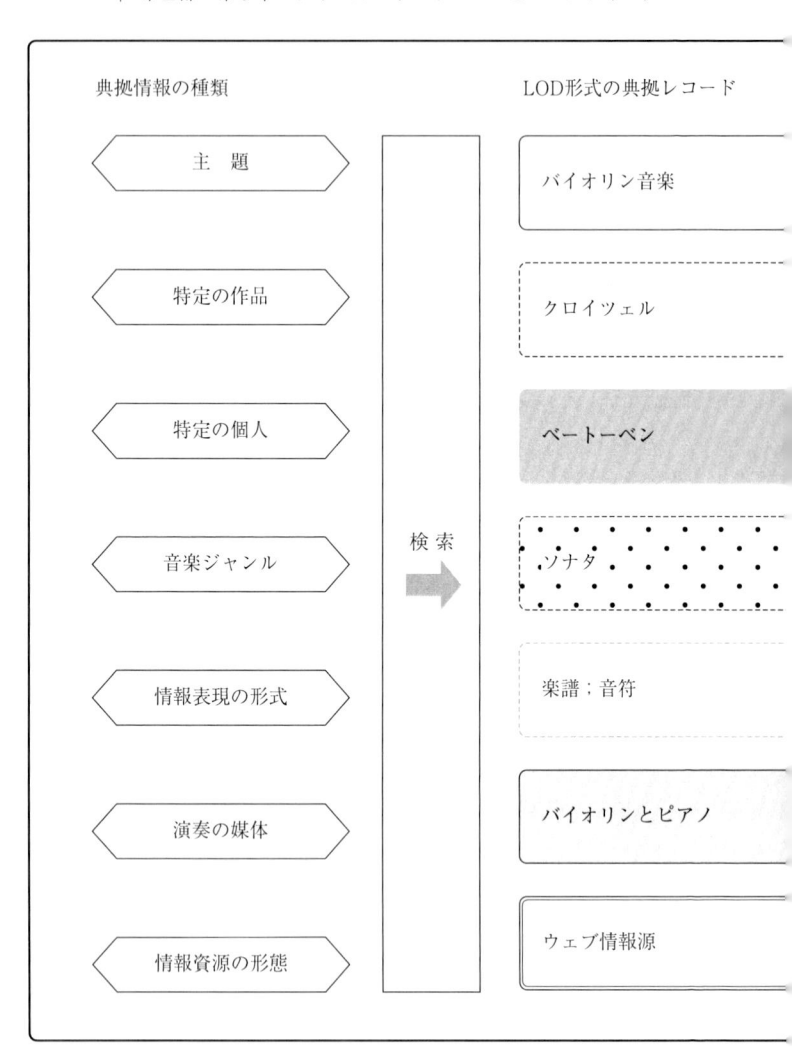

142 | 第Ⅲ部 第9章 ディスカバリーサービスとパスファインダー

典拠情報の種類		LOD形式の典拠レコード
主 題		バイオリン音楽
特定の作品		クロイツェル
特定の個人		ベートーベン
音楽ジャンル	検索 →	ソナタ
情報表現の形式		楽譜：音符
演奏の媒体		バイオリンとピアノ
情報資源の形態		ウェブ情報源

図9-1　LODを利用した検索：例1

6 リンクされた情報を検索する | *143*

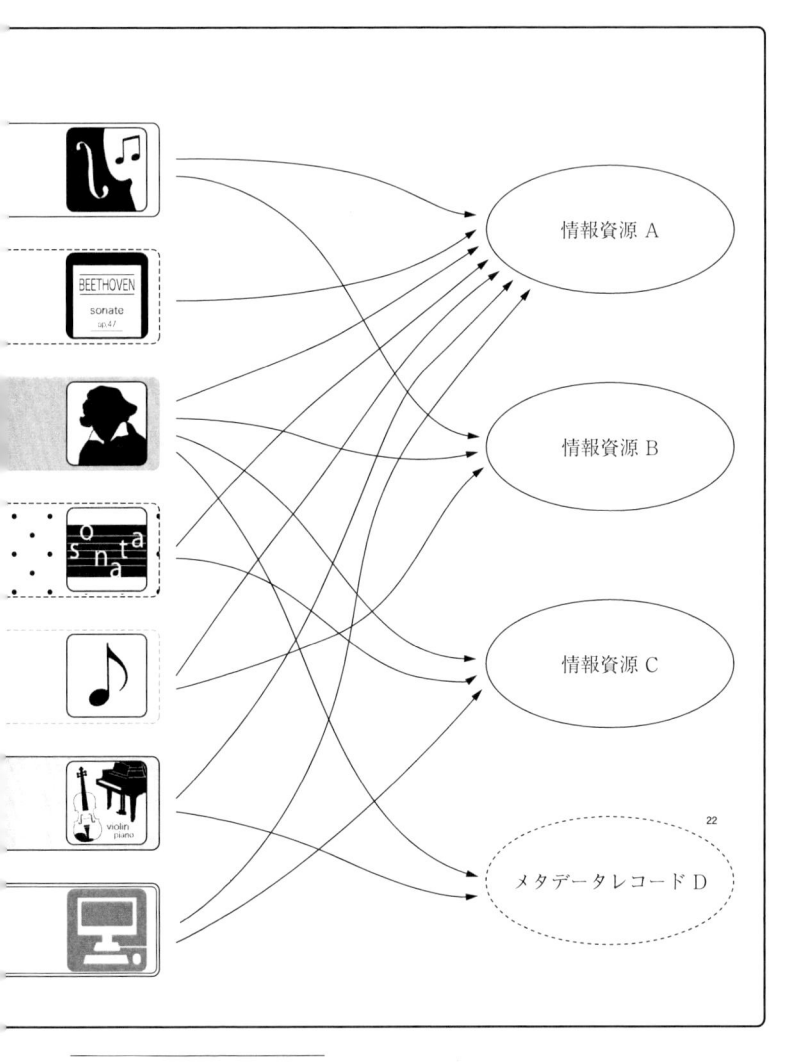

22 検索対象は，ウェブ発信されている情報資源だけではなく，書誌データやメタデータが検索対象とする図書や雑誌等の二次情報も含まれる。

144 | 第Ⅲ部　第9章　ディスカバリーサービスとパスファインダー

典拠情報の種類		LOD形式の典拠レコード
主　題		バイオリン 整備と修理[23]
主　題		ストラディバリウス バイオリン
特定の個人		アントニオ・ストラディバリ 1644〜1737
情報表現の形式	検索 ➡	スチルイメージ
情報表現の形式		テキスト
情報表現の形式		二次元動画
情報資源の形態		ビデオディスク
情報資源の形態		図書　機器不要；巻

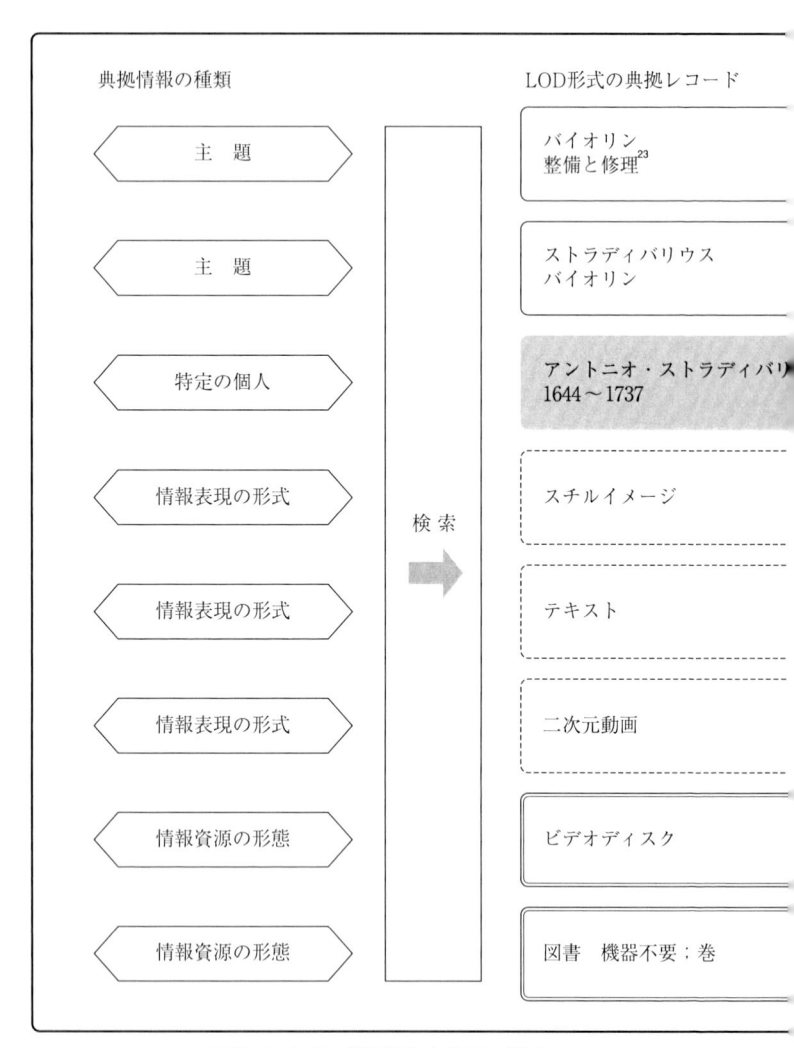

図9-2　LOD を利用した検索：例2

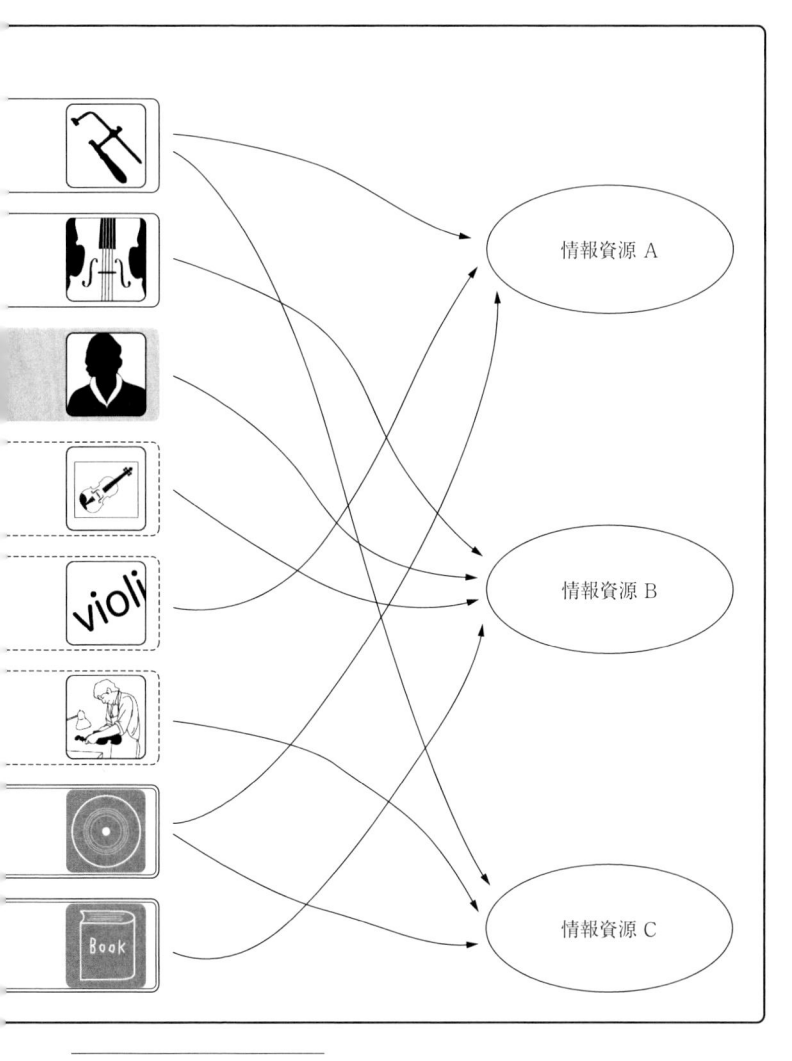

23 主題の側面を表現する LCSH の件名細目は，単独では存在せず，主標目（この場合，Violin）と常にセットで認識される。

繰り返しになりますが，リンク・オープン・データとなる情報はそれぞれに URI をもち，リンクが可能な情報です。情報の内容へのリンクが多ければ多いほど，その情報資源は情報要求に合致していると考えることができます。

　そうであれば，情報要求の分析の項目「情報の内容」に対応する値が，リンク・オープン・データ化された統制語彙，あるいは典拠元となった語彙集の典拠レコードに対応する場合は，さらに一歩進んだ情報検索において有効に使えることが期待できます。

　つまり，検索結果で判明した典拠レコードと情報資源とのリンクのほかに，たとえば情報資源同士の直接リンク，あるいは典拠レコードから別の情報資源へのリンクなど，可能性は未知数です。

　ただし，検索において，やみくもにリンクを表示するのではなく，ユーザーにとって意味のあるリンクのみをたどることが重要です。たとえば，特定の統制語彙のみに特化した検索を可能にするなどです。

7　典拠情報は主題アクセスツールに不可欠なハブ

　利用者が求める情報の多くが図書館の蔵書のみに存在した時代が終わって，久しくなりました。しかし，すべての情報がウェブのみに存在するわけではなく，図書館の蔵書のみに存在する情報は，印刷技術の長い歴史とともに消え失せたわけでもありません。だからこそ，多様な情報が混在する中で利用者の求めに対応するには，より普遍的なインフラとして図書館のみならず多くで共有できる典拠情報の活用が必至です。たとえ図書館の蔵書すべてが電子化されても同じことです。

この状況をいち早く察知した欧米諸国の図書館関係者を中心に，どういった典拠データと情報が必要なのかを検討してきました。そして新しい目録規則『RDA 資源の記述とアクセス』[24] やその考え方の土台となった『書誌レコードの機能要件』[25] や『典拠データの機能要件』[26] などを IFLA (International Federation of Library Associations, 国際図書館連盟) の活動として策定してきました。従来図書館の目録は，利用者が求めることがらの多くに対して，何らかの統制語彙，あるいは典拠レコードの情報を活用して適合性の高い検索を可能にしてきました。

　日本では，国立国会図書館，国立情報学研究所，そして民間の図書館流通センターの三つの組織が，それぞれに典拠情報を維持管理しています。典拠ファイルを維持管理できない図書館システムや，件名が必須でない目録も存在します。この状況は典拠情報やその活

24　Joint Steering Committee for Development of RDA, American Library Association. Resource Description and Access. Chicago：American Library Association, 2013-.

25　IFLA Study Group on the Functional Requirments for Bibliographic Records. FRBR：final report. München：Saur, 1998.〈http://www.ifla.org/files/assets/cataloguing/frbr/frbr_2008.pdf〉(日本語訳：和中幹雄, 古川肇, 永田治樹訳．"書誌レコードの機能要件．IFLA 書誌レコード機能要件研究グループ最終報告 (IFLA 目録部会常任委員会承認)". 2004-03-20。http://www.ifla.org/files/assets/cataloguing/frbr/frbr-ja.pdf,（参照 2015-12-04）.)

26　IFLA Working Group on Functional Requirements and Numbering of Authority Records (FRANAR). Functional Requirements for Authority Data.〈http://www.ifla.org/files/assets/cataloguing/frad/frad_2013.pdf〉(日本語訳：国立国会図書館収集書誌部．"典拠データの機能要件：概念モデル，最終報告". Glenn E. Patton, 典拠レコードの機能要件と典拠番号 (FRNAR) に関する IFLA ワーキンググループ編. http://www.ifla.org/files/assets/cataloguing/frad/frad_2011-jp.pdf,（参照 2015-12-04）.)

用の重要性について認識されなかった時期があったことを示していると考えます。

　統制語彙を活用した典拠情報とそのリンク・オープン・データ化にこそ，パスファインダーやディスカバリーサービス，OPACなども含め，主題アクセスツール全般に有用なインフラのサービスの可能性を最大限活かせると考えます。

付録
『パスファインダー作成法』の布石
―本書ができるまで―

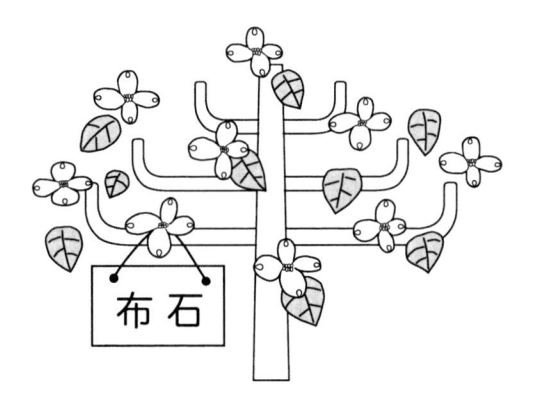

① CORC プロジェクト
② NII メタデータ・データベース共同構築事業
③ 『パスファインダー・LCSH・メタデータの理解と実践』

パスファインダーを作成する図書館員は多くの学びの場面を体験します。特に，目録作成，選書，レファレンスサービスなど，図書館の仕事に不可欠な知的作業が必要となるからです。また，仕事上使っているツールを再考する機会を与えてくれます。

パスファインダー作成はさまざまなことを思い起こさせ，気づかせてくれる総合的な学びの機会になると考えています。

パスファインダーについて，図書館について探求する中で，本書に至るまでの道のりについて，ここで改めて記しておきます。

三つの出来事が布石としてありました。

付録表　三つの布石

	年代	布石
①	2000	CORC プロジェクト[1]
②	2000–2003	NII メタデータ・データベース共同構築事業[2]
③	2005	『パスファインダー・LCSH・メタデータの理解と実践』[3]

①　CORC プロジェクト：ウェブ情報資源の組織化への試み

布石の一番は，OCLC による CORC（Cooperative Online

1　Hickey, Thomas Butler ; Childress, Eric ; Watson, Bradley C. "The genesis and development of CORC as an OCLC Office of Research project." OCLC Newsletter (Online). No.239, May/June 1999.
2　"メタデータ・データベース共同構築事業". 国立情報学研究所. https://www.nii.ac.jp/metadata/,（参照 2015-12-04）.
3　鹿島みづき，山口純代，小嶋智美. パスファインダー・LCSH・メタデータの理解と実践：図書館員のための主題検索ツール作成ガイド. 長久手町（愛知県）：愛知淑徳大学図書館，2005.　175p.

Resource Catalog）プロジェクトへの参加です。

　2016 年現在，あたりまえになったインターネットですが，出現してから間もない 1990 年代後半当時は，ウェブ情報が爆発的に増加していった時代でした。そして，ウェブ情報資源を視野に入れた図書館サービスが模索されはじめていました。伝統的な紙媒体の図書館資料だけに目を向けていた状況に対して，急速に危機感が高まっていたからです。

　ウェブ情報資源の組織化に関しては，OCLC による CORC が，世界最大の研究プロジェクトでした。このプロジェクトには，1999 年 1 月から 2000 年 6 月まで世界中から約 450 の図書館が参加し，日本からは著者が勤務する愛知淑徳大学図書館が唯一の参加館でした。

　CORC は，ウェブ情報資源の，共同メタデータ作成システムでした。サブシステムとしてパスファインダーを簡易作成するしくみも備えていました。参加館は，メタデータの作成基準や作成方法を検討するとともに，意見交換を行いながら，CORC を進化させていきました。

　研究プロジェクトが終わった 2000 年 7 月には，OCLC の WorldCat に公開されている書誌データと統合されて，WorldCat の業務用の新しいシステム「OCLC Connexion」[4]として本稼動しました。Connexion は伝統的な紙媒体の図書館資料とウェブ情報資源のどちらも扱うことができるシステムです。

4　"OCLC Connexion." OCLC. http://www.oclc.org/connexion/,（access 2015-12-04）.
　中井惠久. "OCLC Connexion―目録作成サービスの統合". カレントアウェアネス. 2002-12-20. http://current.ndl.go.jp/ca1477,（参照 2015-12-07）.

CORC と OCLC Connexion を使うなかで、国立情報学研究所の NACSIS-CAT に準拠した日本の図書館システムに慣れていた著者には、いくつもの新しい発見がありました。

まず、ウェブ情報資源を含む多様な情報資源が隔たりなく扱えること、つまり、目録とメタデータ作成機能が同じインターフェースから提供されていることが、とても新鮮でした。そして、すべての情報資源を一度で検索できることの恩恵は想像を遙かに越えると気付きました。その便利さは「感動的」の一言でした。

ところが、本当に画期的だったのは、典拠の扱いです。著者名や団体名、地名などの固有名の典拠コントロールが徹底していました。さらに LCSH を利用した、主題統制語彙による自動化された典拠コントロールが可能であることに感銘を受けました。このしくみによって、同じ個人や団体、あるいは同じ主題について、正確に（もしくは適合率を高めた）検索ができることを再認識できたからです。

加えて Connexion は多言語に対応しました。日本語の情報資源を扱うことができるばかりか、典拠レコードにも日本語の参照形の標目を持つことができました。データベースは 480 以上の言語と方言に対応しています[5]。

これらの成果は、OCLC Connexion の利用者用の窓口であり、インターネット環境さえあれば無料で利用できるサービス、WorldCat.org[6] で実感できます。

---

5 "WorldCat facts and statistics." OCLC.org. https://www.oclc.org/worldcat/catalog.en.html,（2015 年 9 月現在）.
6 WorldCat.org. http://www.worldcat.org/,（参照 2015-12-04）.

CORC プロジェクトに直接関わったことで，著者には多くの発見がありました。プロジェクトの詳細は，報告論文[7]にまとめましたが，そこで次のように記しました。

> メタデータだからこそ可能な機能を生かし，記述（Descriptive metadata）はシンプルにできるとすれば，作成者の信憑性や識別に重要な固有名典拠，主題検索を可能にするための主題分析とそれを確実にするための統制語彙利用こそが，いよいよ重要なポイントになる。……メタデータの特性を生かした典拠コントロールの必要性を感じている。[8]

　さて，CORC には，パスファインダー作成のサブシステムが設けられていました。なぜこのサブシステムが組み込まれていたのか，その意味がパスファインダーを作成している中で鮮明になりました。目録やメタデータと同様，パスファインダー作成にも固有名の典拠情報や主題統制語彙の活用が不可欠である，ということです。

　特定の個人・団体・地名，あるいは特定の主題に限定して，検索を可能にする目録，そして的確に情報資源へ道案内できる環境を整えることこそが重要であることに気づかせてくれた，CORC プロジェクトは以上の理由から一番の布石なのです。

7　鹿島みづき．"CORC プロジェクトに参加して"．情報の科学と技術．Vol. 51, No.8, 2001. p. 409-417.〈http://ci.nii.ac.jp/naid/110002828966〉
8　鹿島みづき．"CORC プロジェクトに参加して"．情報の科学と技術．Vol. 51, No.8, 2001. p. 416.

② NIIメタデータ・データベース共同構築事業[9]

　二番目の布石は，国立情報学研究所の「NIIメタデータ・データベース共同構築事業」[10] です。CORC プロジェクトの終了後まもない 2000 年 12 月，日本でもウェブ情報資源を対象にした『NII メタデータ・データベース共同構築事業』が計画されていることを知ることとなります。この事業は，後に「JuNii」[11] の愛称で呼ばれる「大学情報メタデータポータル」というサービスになります。著者は，同事業の検討会議，ならびに，その後の小委員会へ招聘された委員の一人でした。

　同事業は，CORC プロジェクトで思い描いていた次世代目録の可能性を日本で現実のものとする，またとない貴重な体験でした。

　導入されたメタデータはダブリンコア[12] です。ダブリンコアは，CORC や Connexion でも導入されたメタデータで，世界的にも普

9　"メタデータ・データベース共同構築事業". 国立情報学研究所. https://www.nii.ac.jp/metadata/，（参照 2015-12-04）.
10　国立情報学研究所. 開発・事業部コンテンツ課. "メタデータ・データベース共同構築事業の概要". 次世代コンテンツ基盤共同構築事業. https://www.nii.ac.jp/content/event/meta2002/，（参照 2015-12-04）から PDF で提供。
11　"大学 Web サイト資源検索（JuNii 大学情報メタデータ・ポータル試験提供版）の公開". 国立情報学研究所. http://www.nii.ac.jp/metadata/pr/20030317_junii_preview.html，（参照 2015-12-04）.
12　Dublin Core Metadata Initiative. http://dublincore.org/，（access 2015-12-04）.
　"DCMI Metadata terms." Dublin Core Metadata Initiative. http://dublincore.org/documents/dcmi-terms/，（access 2015-12-04）.

及が進んでいました。

注目すべきは，主題をあらわすメタデータのスキーマ（統制語彙）の必須項目に，LCSH を採用したことです。LCSH を全訳し，入力支援で活用できるしくみも提供されました。このしくみは日本の図書館システムにとって，かつてないしくみです。

NII メタデータ・データベース共同構築事業で採用した世界標準とも言える，ダブリンコアメタデータと LCSH の導入こそが，第三の布石となる『パスファインダー・LCSH・メタデータの理解と実践』の出版へと導きました。この事業とその後につづくであろう Connexion に似たシステムに参加する図書館員の参考資料として活用してもらいたい，という思いがありました。

残念ながら NII のこの事業は 2009 年 3 月に終了しました。しかし，NII での試みが引き金となり，日本の図書館界に LCSH への関心が芽生え[13] ました。

③ 『パスファインダー・LCSH・メタデータの理解と実践』[14]：『パスファインダー作成法』との深い関係⁉

NII メタデータ・データベース共同構築事業検討会議での経験を通して，国内でも主題アクセスツールの充実へ向けた動きが始まる事への期待は大きく膨らみました。同事業において主題アクセスの

---

13 鹿島みづき．主題アクセスとメタデータ記述のための LCSH 入門．東京：樹村房，2013．p. 63-64．
14 鹿島みづき，山口純代，小嶋智美．パスファインダー・LCSH・メタデータの理解と実践：図書館員のための主題検索ツール作成ガイド．長久手町（愛知県）：愛知淑徳大学図書館，2005．175p．

ための統制語彙に LCSH が選択肢として選ばれたことは[15]，特に，一利用者として，LCSH の有用性をカナダの高校や大学，国際基督教大学の図書館[16]で体験した著者にとって，今までにない感慨がありました。

しかし LCSH はなぜか使用が難しいとされ[17]，一般に流通する日本語の教科書は 2000 年初頭当時皆無でした。「どうすれば現場の図書館員に LCSH を身近に感じてもらえるだろうか？」そもそもメタデータについても，まだ図書館員に知られていないことが想像できました。図書館目録と同様に，メタデータや統制語彙の活用が，いかにレファレンスサービスにとって重要か，その点にあまりなじみがないとすれば，急いでカタロガーのための LCSH の教科書を出版しても理解してもらえないだろう，日本の現状をそのようにとらえていました。

そこでまず，目に見えて理解しやすい「形のあるレファレンスサービスあるいはツール」の「パスファインダー」を紹介することが先決と考えました。また，NII メタデータデータベースでの活用を思うと，メタデータや統制語彙についても説明する必要があること

---

15 しかも，初期の段階では，必須とされていました。
16 当時は，カード目録が主流のころで，図書館ではカッター（Cutter, C.A.）が推奨する，著者名，タイトル，件名がアルファベット順に配列された辞書体目録が提供されていた。件名の目録カードを引けば，主題から資料にアクセスすることができた。
17 LCSH を付与するためのカタロガーのための規則が詳細で，分野毎に詳細に展開されているために，そのような印象が持たれるようです。と同時に，しくみそのものの説明を受けないと，初心者には難しく感じることが多いようです。基本的なしくみさえ理解していれば，けして難しいものではない，というのが著者の信念です。その点で，レファレンス担当者が LCSH のしくみを熟知していることが重要です。

③ 『パスファインダー・LCSH・メタデータの理解と実践』 | 157

を強く感じていました。

　結果として『パスファインダー・LCSH・メタデータの理解と実践』という，かなり欲張りな内容の本に挑戦することになりました。

　語りかけたいこと，盛り込みたいことが多すぎてわかりにくくなってしまった部分も多々あります。

　あえて省いたこともありました。それは，LCSHを付与するカタロガーに必要な，LCSHの適用方針に関する細かい説明そして主題分析に関することです。つまり，『パスファインダー・LCSH・メタデータの理解と実践』は，「形」に焦点を合わせてまとめた内容だったのです。

　それをテニスにたとえると，テニスウェアのことや，テニスコートについてであって，テニスのプレー技術をどうすればスキルアップさせることができるのか，つまり「ソフト面」に関することを多く省いています。目に見える「ハード面」に焦点を合わせたものでした。

　「はじめに」で，「パスファインダーをつくるうえで重要な作業は，見た目を整えることだけではなく，主題分析とそれを活用した情報資源の選択です」と書きました。この本は，第三の布石『パスファインダー・LCSH・メタデータの理解と実践』が取り上げたパスファインダーのハード面，すなわち完成した時の構成や作業手順など「見た目の側面」を取り入れながら，内容の中心は，ソフト面に焦点を合わせています。これはすなわち，作成に用いる図書館の技術，さらに必要な場合は，その理念まで立ち返り，現時点での決定版としてまとめ直したものです。もちろん，両書は互いに補い合う関係にありますが，読者の実践には本書のみでも十分と考えています。

　加えて，第三の布石の中で，補いきれなかった主題アクセスの重

要性を繰り返し問いかけるため，著者は『レファレンスサービスのための主題・主題分析・統制語彙』と『主題アクセスとメタデータ記述のためのLCSH入門』の二著を世に出すことになりました。これらは，LCSHの詳細や，そのほか統制語彙の理解と活用を進めるためのものです。

　これからのカタロガーやレファレンス担当者はグローバルな視点とともに日本の独自性を理解して，活躍することになると思います。本書がそうした次世代の図書館員の技術的向上のステップとして役に立ててもらえるのであれば，著者のみならず読者のみなさんにも新たな布石となるのではないか，期待はさらに膨らんでいきます。

おわりに

　情報探索の便利なツール「パスファインダー」が発案されてから，今年（2016年）で，およそ47年が経とうとしています。この間，図書館の情報検索の要だったカード目録や冊子体の索引・抄録誌などが，オンライン目録（OPAC）やオンラインデータベースの形に変化し，2000年代にはサーチエンジンなどITを駆使した各種の情報サービスがあたりまえの時代になりました。

　この三つの時代をリアルタイムで過ごしてきた著者にとって，これからどのように情報探索のあり方が変化していくのか，想像できません。わかっているのは第9章で少し触れたように，新しい目録（メタデータ）規則RDAの制定とMARC21に代わる新しい書誌フレームワーク「BIBFRAME（ビブフレーム）」[1]の登場で，多くの典拠化できる統制語彙の情報がリンクできるオープンな情報として情報探索のしくみに取り込まれるであろうということです。そのとき現場の図書館はどのようにそのしくみと関わっていくのでしょうか。まずは，国立国会図書館や国立情報学研究所の対応が待たれ

1　BIBFRAMEについては，佐藤義則，吉田幸苗両氏による『Bibliographic Framework as a Web of Data: Linked Data Model and Supporting Services』の邦訳「データのウェブとしての書誌フレームワーク：リンクトデータ・モデルと支援サービス」（https://www.nii.ac.jp/CAT-ILL/archive/pdf/Bibliographic_Framework_as_a_Linked_Data_Model_Translation.pdf）とBarbara B. Tillett氏による『RDA　資源の記述とアクセス：理念と実践』の第17章「RDAとリンクデータ環境」が参考になります。

ます。

　同時に，変わらないインフラは，サービスの対象が生身の人間である，という紛れもない現実です。

　ロボットやアンドロイドを相手に図書館員が仕事をする時代がやってきたときには，図書館員もまた生身の人間ではなく，HALのような機械に肩代わりされているのでしょう。ちょっと古いですが，映画「マトリックス」のように，脳自体がコンピュータやネットワークに直接アクセスできれば，情報収集のみならず，学修もかなり楽になるのかもしれません。

　しかし，いまのところ収集した情報を自らの知識や英知に変化させるためには，人間の五感のみが頼りです。つまり，聴覚，視覚，触覚などの感覚を通じて情報を読み取ることがスタート地点です。そしてそこから知識に変換させることができます。

　生身の初学者が，図書館で迷うことなく最初の情報探索ができるように支援するツールが「パスファインダー」です。忘れてならないのは，かゆいところに手の届くようなサービスには，それなりのお膳立てが必要であり，パスファインダーも例外ではありません。パスファインダーの場合は，主題の分析と情報資源の主題分析という二段構えの知的作業が重要なお膳立てになります。

　美味しいお料理には，美味しい材料と手間暇が必要なのと同じです。たとえ簡単な料理であっても，それなりの工夫や気遣いは必要なはずです。それなしに「これは美味しい！」と言わせることはできないと思います。

　利用したひとに「これは便利！」と言ってもらえるパスファインダーが理想です。「言うは易し行うは難し」，著者自身も模索し続けて10数年が経ちます。

おわりに | *161*

　最後になりましたが，いつものことながら本書もまた，多くの方のお力添えによって書き終えることができました。

　職場の新入職員のための研修や私立大学図書館協会など外部の研修をつとめた際に作成した資料等を基に教科書にまとめてほしい，とお願いくださった本学図書館前事務室長の武藤まり子氏に感謝の意を表します。実際の業務とも連携しつつ原稿に向き合ってきたことを思い返すと，理想的な環境での執筆でした。これは大変貴重な経験でした。

　大学図書館の場合は，カリキュラムとの連携が重要になりますが，本書でとりあげたカリキュラムの分析で，「都市環境デザイン」についてご教示くださった前図書館長の垂井洋蔵先生には，ご多忙中貴重なお時間をいただきました。心から御礼申し上げます。

　同僚の山田稔氏には，草稿の段階から多くの貴重なコメントやアドバイスをいただきました。私のつたない日本語のチェックにも多くの時間を割いていただきました。いつも同じことばとなりますが，感謝に絶えません。

　本書の小難しい内容に，心和むイラストでオアシスを提供してくださった三田美里氏にも厚く御礼申し上げます。本学から他大学の図書館へ移って，お忙しい中，本書のために沢山のお時間をいただけたこと，本当にありがとうございました。

　そして，出版にお力添えくださった樹村房の大塚栄一社長にも深く感謝を申し上げます。また，細かい原稿に適切にフォローくださり，根気よく著者の不足を補ってくださった編集の石村早紀氏にも心から御礼を申し上げます。

鹿島　みづき

参考文献

飯野勝則．"ウェブスケールディスカバリと日本語コンテンツをめぐる諸課題"．カレントアウェアネス．No.319（2014.9）．〈http://current.ndl.go.jp/CA1827〉

伊藤白，小澤弘太．"国内における Web 上パスファインダーの現状調査"．情報の科学と技術．Vol.58，No.7，2008．p.361-366．〈http://ci.nii.ac.jp/naid/110006793619〉

鹿島みづき．"CORC プロジェクトに参加して"．情報の科学と技術．Vol.51，No. 8，2001．p.409-417．〈http://ci.nii.ac.jp/naid/110002828966〉

鹿島みづき．主題アクセスとメタデータ記述のための LCSH 入門．東京：樹村房，2013，223p．

鹿島みづき，山口純代．"図書館パスファインダーに見る次世代図書館の可能性"．情報の科学と技術．Vo.53，No.10，2002，p. 526-537．〈http://ci.nii.ac.jp/naid/110002826712〉

鹿島みづき，山口純代，小嶋智美．パスファインダー・LCSH・メタデータの理解と実践：図書館員のための主題検索ツール作成ガイド．長久手町（愛知県）：愛知淑徳大学図書館，2005，175p．

鹿島みづき．"パスファインダー作成における主題分析の応用：教育と連携するために"．私立大学図書館協会西地区部会東海地区協議会研究会編．館灯．50 号，2011，p. 33-38．〈http://ci.nii.ac.jp/naid/110008921060〉

鹿島みづき．レファレンスサービスのための主題・主題分析・統制語彙．東京：勉誠出版，2009，203p．

河上純子，仲尾正司，仁上幸治他．"パスファインダーバンクの実用化に向けて：Web 版協同利用ナビゲーションシステム開発計画案"．私立大学図書館協会報．Vol.118，2002，p. 183-188．

国立国会図書館　電子情報部　電子情報流通課　標準化推進係．"使う・つ

なげる：国立国会図書館の Linked Open Data（LOD）とは". http://www.ndl.go.jp/jp/aboutus/standards/lod.html.

鷲見克典, 四谷あさみ. 調べるためのウェブサイト評価：インターネット時代の情報リテラシー. 名古屋市：三恵社, 2007, 144p.

長澤雅男, 石黒祐子. 情報源としてのレファレンスブックス. 新版. 東京：日本図書館協会. 2004, 244p.

日本図書館情報学会. 用語辞典編集委員会編. 図書館情報学用語辞典. 第4版. 東京：丸善, 2013, 284p.

原聡子, 片岡真. "ディスカバリーサービス". 図書館雑誌. Vol.108, No.3. 2014, p. 185-187.

山口純代. "愛知淑徳大学図書館におけるパスファインダー作成の実際". 館灯. Vol. 42, 2004, p. 17-26. 〈http://ci.nii.ac.jp/naid/110001789392〉

山田稔, 鹿島みづき. "パスファインダー：主題アクセス再評価へのみしるべ". 図書館雑誌, Vol. 106, No.4, 2012, p. 243-245.

American Library Association. "RDA Toolkit." http://access.rdatoolkit.org/.

Gardner, Jeffrey J. "Pathfinders, Library." Kent, Allen ; Lancour, Harold (ed.) Encyclopedia of library and information science. Vol. 21, New York : M. Dekker, 1977. p. 468-473.

IFLA Study Group on the Functional Requirments for Bibliographic Records. FRBR : final report. München : Saur, 1998. http://www.ifla.org/files/assets/cataloguing/frbr/frbr_2008.pdf.

　　日本語訳：和中幹雄, 古川肇, 永田治樹訳. "書誌レコードの機能要件. IFLA 書誌レコード機能要件研究グループ最終報告（IFLA 目録部会常任委員会承認）". http://www.ifla.org/files/assets/cataloguing/frbr/frbr-ja.pdf.

IFLA Working Group on Functional Requirements and Numbering of Authority Records (FRANAR). Functional Requirements for Authority Data. http://www.ifla.org/files/assets/cataloguing/frad/

frad_2013.pdf.
> 日本語訳：国立国会図書館収集書誌部."典拠データの機能要件：概念モデル．最終報告". Glenn E. Patton, 典拠レコードの機能要件と典拠番号（FRANAR）に関する IFLA ワーキンググループ編. http://www.ifla.org/files/assets/cataloguing/frad/frad_2011-jp.pdf.

Joint Steering Committee for Development of RDA, American Library Association. Resource Description and Access. Chicago：American Library Association, 2013-.

Library of Congress. "Authorities and Vocabularies." http://id.loc.gov/.

"Library of Congress Authorities." Library of Congress. http://authorities.loc.gov/.

Library of Congress. Cataloging and Distributions Service. "Cataloger's Desktop." http://www.loc.gov/cds/desktop.

Library of Congress. Cataloging and Distribution Service. "Classification Web." http://classificationweb.net/.

Library of Congress. Cataloging Policy and Support Office. Subject Headings Manual. Washington, D.C.：Library of Congress, 2008-.

Library of Congress. Cataloging Policy and Support Office. Library of Congress subject headings. 35th ed. Washington, D.C.：Library of Congress, Cataloging Distribution Service, 2013.

"Library of Congress Online Catalog." Library of Congress. http://catalog.loc.gov/.

Library of Congress 著．佐藤義則, 吉田幸苗訳．データのウェブとしての書誌フレームワーク：リンクトデータ・モデルと支援サービス．https://www.nii.ac.jp/CAT-ILL/archive/pdf/Bibliographic_Framework_as_a_Linked_Data_Model_Translation.pdf.（Bibliographic Framework as a Web of Data：Linked Data Model and Supporting Services の日本語訳）

Rice, James. "Pathfinders." Teaching library use：a guide for library instruction. Westport, Conn.：Greenwood Press, 1981. p. 91-92.

Tillett, Barbara B., Library of Congress 著. 酒井由紀子, 鹿島みづき, 越塚美加共訳. RDA：資源の記述とアクセス：理念と実践. 東京：樹村房, 2014, 383p.

Tillett, Barbara B. "Virtual International Authority File." IME ICC4. Seoul, Korea, August 16, 2006. http://www.nl.go.kr/icc/down/060813_3.pdf.

    日本語訳：鹿島みづき. "バーチャル国際典拠ファイル". http://www.nl.go.kr/icc/down/070502_11_Jap.pdf.

WorldCat.org. http://www.worldcat.org/.

＊ウェブ情報資源は 2015 年 10 月 28 日による.

索引

欧文

▶A・B・C

Authorities and Vocabularies　55, 64, 76, 165　← Library of Congress Authorities & Vocabularies

BIBFRAME　159

BT → LCSH -- 記号 -- BT, 広義の主題；広義の用語

CiNii Books　38

CORC プロジェクト　150-153, 154

▶D・E・F

Dublin Core → ダブリンコア

EBSCO　132

EBSCO Discovery Service　131

EBSCO 社　131

ERIC　132

EXLibris 社　131

FAST　99

FRAD → 典拠データの機能要件

FRBR → 書誌レコードの機能要件

▶I・J・L

IFLA　147　← 国際図書館連名

JapanKnowledge　132

JuNii　154

LC → 米国議会図書館

LC Genre/Term Terms → LCGFT

LC Medium of Performance Thesaurus → LCMPT

LC Online Catalog → LC オンライン目録

LCC → LC 分類記号

LCGFT　140　← LC Genre/Term Terms

LCMPT　140　← LC Medium of Performance Thesaurus

LCSH　3, 4, 11, 15, 22, 42, 45, 55, 56, 57, 58, 59, 60, 62, 63, 64, 70, 71, 72, 74, 76, 78, 81, 83, 84, 85, 92, 96, 99, 105, 107, 109, 112, 117, 118, 137, 140, 141, 145, 150, 152, 155, 156, 157, 158, 163　← 米国議会図書館件名標目表

　-- 記号

　　-- BT　56, 59, 62, 83, 84

　　　→ 広義の用語；広義の主題 をも見よ

　　-- NT　56, 59, 62, 79, 83, 84

　　　→ 狭義の用語；狭義の主題 をも見よ

-- RT　56, 57, 83, 84　→ 関連用語；関連主題 をも見よ
　　-- SA　84
　　-- UF　83, 84, 107　→ 同義語 をも見よ
　-- 件名細目　64, 67-68, 79, 81, 85, 101, 103, 104, 145
　　-- 形式件名細目　76, 85, 99, 103
　　-- トピカル件名細目　76, 85, 99
　　-- 汎用件名細目　76, 85 ← 汎用件名細目
　-- 熟語形標目　102, 103, 104
　-- 主標目　71
　-- トピカル標目　77
　-- モデル標目　64, 65, 70-73, 76, 80, 85, 138 ← モデル標目
　　-- バイオリン　71, 74-76
　　-- 件名細目　74-76
LC オンライン目録　57, 85, 99 ← LC Online Catalog
LC 典拠レコード　76
LC 分類記号　56, 62 ← LCC；Library of Congress Classification
LC 分類表　62
Library of Congress Authorities & Vocabularies → Authorities and Vocabularies
Library of Congress Classification → LC 分類記号
LOD　136, 137, 138, 139, 140, 142-143, 144-145 → リンク・オープン・データ をも見よ

▶M・N・O
MARC Tags　99
MARC21　159
MEDLINE　132
MeSH　99
MIT → マサチューセッツ工科大学
NACSIS-CAT　152
NDC　30
NDLSH　55, 137 ← 国立国会図書館件名標目表
NII → 国立情報学研究所
NII メタデータ・データベース共同構築事業　150, 154-155
NT → LCSH -- 記号 -- NT；狭義の用語；狭義の主題
OAIster　132
OCLC　112, 131, 137, 151
OCLC Connexion　151, 152
OPAC　148, 159

▶P・R・S
Primo Central　131
ProQuest　132
ProQuest 社　131
RDA　147, 159 ← Resource Description and Access；資源

の記述とアクセス
RDA キャリア種別　140, 141
RDA コンテンツ種別　140, 141
RDA メディア種別　141
Resource Description and Access → RDA
RT → LCSH -- 記号 -- RT；関連用語；関連主題 をも見よ
Subject Headings Manual → 件名標目マニュアル
Summon　131

▶T・U・V・W
TRC → 図書館流通センター
UF → LCSH -- 記号 -- UF；同義語
URI　141, 146
VIAF　140, 141 ← バーチャル国際典拠ファイル
Wilson　132
WorldCat　112, 137, 151
WorldCat Discovery Services　131
WorldCat.org　112, 117, 137, 152
WorldCat Local　131
WorldCat Works　137

和文
▶あ行
アディソン・ウィースリー社　12
案内掲示版　29, 30

ウェブ　20, 127, 133, 136
ウェブ情報資源　22, 35, 36, 38, 46, 55, 126, 127, 151, 166 → 主題分析 -- ウェブ情報資源 をも見よ
ウェブ情報資源の選択基準　127
ウェブスケール・ディスカバリーサービス　131
ウェブパスファインダー　19
オープンデータ　133
オンライン目録　159

▶か行
概念　21, 41, 43, 50, 56, 61, 78, 79, 93, 95, 105, 117, 124, 135, 137
カード目録　11, 156, 159
家族　70, 134, 136
家族名　136, 137
カリキュラム　27, 38, 78, 79, 92, 110
関連主題　57 → LCSH -- 記号 -- RT；関連用語 をも見よ
関連用語　57, 83 → LCSH -- 記号 -- RT；関連主題 をも見よ
キーワードサジェスト　130
機関リポジトリ　130
機械可読目録データ　11
教員　38, 92
狭義の主題　56, 59, 62, 63, 96, 97, 98 → 狭義の用語；LCSH -- 記号 -- NT をも見よ
狭義の用語　56, 63, 83 → 狭義の

主題：LCSH -- 記号 -- NT をも見よ
寄与者 134
グーグル世代 20
国名 137
検索語 44, 60, 112, 113, 117
検索の適合性 132, 137
件名 14, 39, 85, 112, 116, 117, 156
件名標目 118, 133
件名標目表 58
件名標目マニュアル 42, 70, 74, 76 ← Subject Headings Manual
広義の主題 56 → LCSH -- 記号 -- BT；広義の用語 をも見よ
広義の用語 56, 62, 83 → LCSH -- 記号 -- BT；広義の主題 をも見よ
公共図書館 20, 27, 92
公文書館 136
国際図書館連盟 → IFLA
国立国会図書館 20, 112, 126, 136, 137, 147, 159 ← NDL
国立国会図書館件名標目表 → NDLSH
国立情報学研究所 147, 152, 154, 159 ← NII
国立図書館 137
個人 70, 132, 135, 136, 137, 138, 139, 152
個人名 42, 76, 137
固有名 118, 137, 152, 153

▶さ行

サーチエンジン 22, 55, 159
作成者 21, 26, 38, 40, 44, 50, 78, 127, 153
作品 118, 134, 139
雑誌 → 主題分析 -- 雑誌
雑誌記事 130
雑誌記事索引 126, 132
資源の記述とアクセス → RDA
次世代 OPAC 130, 154
シソーラス 133
ジャンル 73, 75, 81, 135, 139, 140
主題 15, 16, 17, 18, 19, 20, 21, 22, 23, 26, 27, 28, 29, 30, 34, 35, 36, 38, 40, 43, 45, 124, 125, 126, 132, 138
-- 概観 43, 45, 54
-- 種類 41-42
-- 側面 16, 34, 43, 45, 50, 54, 63, 64-70
-- 多様性 40-41
-- 定義 40
主題アクセスツール 3, 146, 148, 155
主題アクセスとメタデータ記述のための LCSH 入門 3, 158, 163
主題検索 3, 133, 153
主題の分析 3, 10, 23, 40, 44, 46, 50, 55, 77-79, 92-105
-- LCSH の活用 59-60, 62-63, 96-105

-- 概念の図式化　95-96
-- 重要性　21-23
-- 定義の確認　93-95
-- 必要性　50-54
-- 例
　-- 友情　55-58
　-- 遺伝学　58-60
　-- ピラミッド　61-63
　-- 野菜　64-66
　-- ひと　66-70
　-- バイオリン　80-82
　-- 糖尿病　82-87
主題の包摂関係　55, 56, 57, 59, 62, 83, 84, 96-98
主題分析
　-- OPAC　124
　-- 案内指示的なレファレンスブック　122, 124
　-- ウェブ情報資源　126-127
　-- 雑誌　124-126
　-- 事実解説的なレファレンスブック　123
　-- データベース　124
　-- 図書　123
出版業界　136
情報検索　130, 135, 140
情報資源　3, 10, 14, 15, 17, 20, 21, 22, 23, 27, 28, 29, 31, 34, 35, 36, 38, 39, 40, 44, 45, 46, 57, 70, 76, 77, 78, 85, 99, 112, 113, 117, 118, 119, 122, 123, 124, 125, 126, 130, 132, 133, 138, 140, 141, 146, 152, 153, 157
　-- 検索方法　34, 112-119
　-- 主題分析　122-127, 160 → 主題分析 -- OPAC 他　をも見よ
情報探索行動　26, 27, 34 ← 探索行動
情報の形式　66, 68, 85, 133, 139
書誌レコード　137, 138
書誌レコードの機能要件　147 ← FRBR
シラバス　38, 78, 92, 105, 109, 112, 113
シラバスの分析　105-110
人種　134
新聞　124
スコープノート → パスファインダー -- 構造 -- スコープノート
製作者　134, 139
創作者　118, 134

▶た行

ダブリンコア　154, 155
探索行動 → 情報探索行動
団体　70, 132, 134, 135, 137, 138, 139, 152, 153
団体名　41, 77, 118, 137, 152
知的・芸術的所産　134, 138 → 作品　をも見よ
地名　70, 135, 138, 152, 153

ディスカバリーサービス　130, 131, 132, 133, 135, 136, 148
出来事　41, 42, 135
データベース　19, 28, 35, 38, 46, 87, 112, 122, 124, 126, 131, 152
テーマ　12, 15, 27, 38, 39, 40 → 主題；トピック をも見よ
デジタル大辞泉　56, 80, 94
典拠コントロール　152, 153
典拠情報　136, 137, 138, 146, 147, 153
典拠データの機能要件　147, 165 ← FRAD
典拠ファイル　133, 137, 147
典拠レコード　56, 137, 138, 140, 146, 147, 152
電子ジャーナル　125, 130
電子書籍　113, 130
電子パスファインダー　46
同義語　35, 44, 83 → LCSH -- 記号 -- UF；同義の主題 をも見よ
統制語彙　3, 15, 28, 45, 99, 112, 124, 133, 137, 140, 141, 153, 155, 156, 158, 159
図書館雑誌　13
図書館システム　147, 152, 155
図書館情報学用語辞典 第4版　10, 13
図書館パスファインダー → パスファインダー

図書館流通センター　147 ← TRC
トピック → 主題；テーマ をも見よ

▶な・は行

ナビゲーション　22, 79
ナレッジベース　131
ニーズの分析　38
日本国語大辞典　56
博物館　136
場所　70, 135, 138
パスファインダー　3, 10 ← 図書館パスファインダー
　-- 機能　27, 28, 29-30
　-- 機能を支える前提　26-27
　-- 構造　34-36
　　-- 下調べ　35
　　-- 情報集め　36
　　-- スコープノート　35
　　-- その他有用なサイトやリンク　36
　　-- タイトル　35
　　-- ファセット　36 → ファセットをも見よ
　-- 構造上の特徴　34
　-- 作成の流れ　38-47
　　-- ウェブ情報資源の分析と選択　46-47
　　-- 主題候補の調査　40
　　-- 主題の選択　38-39
　　-- 情報資源の主題分析　46
　　-- 情報資源の選択　45-46

索引 | 173

　　-- 情報資源の探索　44-45
　　-- データベース利用の指示と解説　46
　　-- ニーズの分析　38
　　-- 目的，しくみ，構成の確認　44
　　-- レファレンスツール利用の指示と解説　46
　-- 定義　10
　-- テンプレート　26
　-- 特徴　11, 13-20
　　-- 期待される効果　20-21
　　-- 掲載される情報資源　20
　　-- 対象とする利用者　19
　　-- 取り扱われる内容　17-19
　　-- リストとして　19-20
　-- 理想　30-31 ← 理想的なパスファインダー
　-- 由来　11-12
パスファインダー・LCSH・メタデータの理解と実践　15, 150, 155-157, 163
パスファインダー作成　3, 4, 21, 150
パスファインダーバンク　13, 163
百科事典　22, 54, 55, 61
ファセット　21, 35, 39, 43, 54, 70, 77, 78, 79, 80, 81, 82, 83, 87, 98, 99, 102, 103-104, 113, 123, 124, 126, 130, 133, 135 → パスファインダー -- 構造 -- ファセット をも見よ
ファセット絞り込み検索　130
ファセットの決定　77-79, 98-99, 103-104
　-- 例1　バイオリン　80-82
　-- 例2　糖尿病　82-87
物体 → 物
文献探索講習会　38
文献データベース　125
文献的根拠　58
米国議会図書館 → LC
米国議会図書館件名標目表 → LCSH
ベンダー　131
法域名　137

▶ま行

マサチューセッツ工科大学　11, 12, 15 ← MIT
民族　70, 134
名称典拠ファイル　133
メタデータ　132, 133, 135, 136, 151, 153, 154, 155, 156
メタデータレコード　138
メディア　134
目録　85, 147, 152, 153, 154, 159
モデル標目 → LCSH -- モデル標目
物　41, 42, 82, 135, 139 ← 物体

▶ら行

理想的なパスファインダー → パスファインダー -- 理想

利用者　10, 11, 12, 14, 15, 18, 19, 20, 21, 26, 27, 28, 29, 30, 31, 34, 39, 79, 89, 126, 132, 133, 135, 136, 137, 138, 139, 146, 147, 156
　-- 求める情報　31, 79, 133-135
　　← 利用者ニーズ

利用者ニーズ → 利用者 -- 求める情報

リンク・オープン・データ　133, 136, 137, 146, 148 → LOD をも見よ

レファレンスサービス　3, 15, 150, 156, 158

レファレンス質問　38, 40

レファレンスサービスのための主題・主題分析・統制語彙　3, 15, 158, 163

レファレンスツール　19, 22, 28, 36, 38, 45, 46, 56, 58, 61, 78, 98, 100

レファレンスデスク　12

レファレンスブックス　87, 122, 123, 124, 125
　-- 案内指示的な　122, 124, 125
　-- 事実解説的な　122, 123

著者プロフィール

鹿島 みづき（かしま・みづき）

愛知淑徳大学図書館アドバイザー。

国際基督教大学教養学部語学科卒業。ウェスタンオンタリオ大学大学院図書館情報学専攻修士課程修了。

上智大学図書館，メルボルン大学図書館勤務を経て，1994年より現図書館，2019年4月より現職。以下の著書および翻訳がある。

Tillett, B. B., Library of Congress著, 酒井由紀子, 鹿島みづき, 越塚美加共訳『RDA：資源の記述とアクセス：理念と実践』樹村房, 2014.

鹿島みづき『主題アクセスとメタデータ記述のためのLCSH入門』樹村房, 2013.

鹿島みづき『レファレンスサービスのための主題・主題分析・統制語彙』勉誠出版, 2009. ほか

［イラスト］ 三田 美里

パスファインダー作成法
―主題アクセスツールの理念と応用―

2016年4月15日　初版第1刷発行
2021年3月31日　初版第3刷発行

検印廃止

著　者Ⓒ　鹿島みづき
発行者　　大塚栄一

発行所　株式会社 樹村房

〒112-0002
東京都文京区小石川5丁目11番7号
電　話　03-3868-7321
FAX　03-6801-5202
http://www.jusonbo.co.jp/
振替口座　00190-3-93169

組版・印刷・製本／美研プリンティング株式会社

ISBN978-4-88367-258-5
乱丁・落丁本は小社にてお取り替えいたします。